华夏文库·民俗书系

添丁的喜悦
宁都客家割鸡担灯

黎传综 著
陈家林 罗玉生 统筹

大地传媒 中州古籍出版社

《华夏文库》发凡

毫无疑问,每一个时代都有属于自己时代的精神追求、文化叩问与出版理想。我们不禁要问,在 21 世纪初叶,在全球文明交融的今天,在信息文明的发轫初期,作为一个中国出版人,我们正在或者将要追求什么?我们能够成就或奉献什么?我们以何种方式参与全球化时代的文化传播进程?在一连串的追问下,于是,有了这套《华夏文库》的出版。

自信才能交融。世界各大文明在坚守自身文化个性的同时,不约而同地加快了探视其他文化精神内涵的步伐,世界不同文明正在朝着了解、交流、碰撞、借鉴与融合的方向前进。在此背景下,建立自身的文化自信,正是与世界各文明民族进行文化交流的基本要求。五千年中华文明与文化正在不断地被其他文明所发现、所挖掘、所认知,汉语言正在生长为世界语言,儒文化正在世界各地生根发芽。

借助这样一种正在成长着的文化自信、自觉、开放、亲和之力,用我们这个时代的学术眼光全面系统梳理中华五千年的文明与文化,向其他各大文明与文化圈正面展示自我,让中华优秀文化成为世界文化的重要组成部分,正是我们出版这套文库的目的之一。此其一。

知己才能知彼。身处五千年文化浸润的今天,重新思考我们先人的人生思考、价值思考与哲学思考,找到一个民族、一个国家的价值所在、立命所在、安身所在，这已经是我们这个时代的学人与出版人不得不再思考的问题。作为中华文明的一分子，我们在思考的同时，还必须了解我们的先人创造了如何优秀的精神文明与物质文明以及社会文明。只有熟知自己的文化，热爱自己的文化，悟明自己的文化，我们才能宣说自己、弘扬自己、光大自己。因此，我们策划组织这套《华夏文库》的初衷，还在于让当下的知识青年全面系统瞭望中华文明与文化的全景，并借此能够对更为深广的世界各民族文化提供一个比较认知的基础。此其二。

顺势才能有为。我们正处在农耕文明、工业文明、信息文明的交汇处，信息文明带领我们从读纸时代进入读屏时代，以智能手机屏幕为代表的书籍呈现方式正在与纸质书籍争夺阅读时间与空间。我们正在领悟数字技术，正在以信息文明的视角，去整理、分析和研究农耕文明与工业文明的文化遗产，不仅仅是为了唤醒优秀的传统文化，我们还在生发和原创着当今时代的文化。由此，我们试图架起一座桥梁——由纸质呈现而数字呈现，由数字呈现而纸质呈现，以多媒介的书籍呈现方式，将文字、图像、声音与视频四者结合，共同筑成《华夏文库》以奉献给信息文明时代的新读者。此其三。

总之，这是一套——专家大家名家写小书；以最小的阅读单元，原创撰写中华精神文化、物质文化与社会文明系列主题与专题；以图文、音视频多媒介呈现的方式，全面介绍与传播中华文明与优秀文化，系统普及与推介中华文明与文化知识；主旨是为了让世界与中国共同了解中国的——大型丛书，借此，复兴文化，唤起精神，融入世界。

耿相新

2013 年 6 月 27 日

《民俗文库》序

《民俗文库》是中原出版传媒集团一项浩大工程《华夏文库》的一个重要组成部分，分为十个系列：生产贸易民俗系列、衣食住行民俗系列、社会家庭民俗系列、人生仪礼民俗系列、生态、科技民俗系列、信仰民俗系列、岁时节令民俗系列、语言文学民俗系列、民间游乐民俗系列和民间艺术系列，涉及民俗文化的所有方面。这是一套具有相当规模的民俗类丛书。第一期为约300本，每个省、直辖市10本左右。以后还有第二期、第三期。从数量上看，在民俗文化呈现的广度方面是前所未有的。

有规模，成体系，才能产生深刻而广泛的社会效应。就民俗文化而言，一两本书，做得再精致，影响也是有限的。只有达到一定规模，才能全面、系统而又细致地显现中国各民族各地区丰富灿烂的民俗文化。中国幅员广阔、民族众多，以往民俗文化的呈现都是局部的，有很大的局限性，而这套文库是对中华各民族民俗文化全方位的展示，超越了已出版的任何一套民俗丛书。这有助于对中华各民族民俗文化进行整体关照，多向度地把握、理解和享用中华各民族民俗文化。

十个系列仅仅是给定了民俗文库选题的范围和领域，而每本书的选题要求主要在两个方面。一是强调具体和细微。选题越具体越好，越细微越好。以往民俗文化方面的书，选题都比较大，侧重在"面"上，而民俗文库的选题，侧重在"点"上。譬如中国民居方面的选题，以往即为中国民居，或陕北窑洞、或蒙古包、或客家民居、或四合院等等，我们这套文库要求选题更为具体，诸如门、床、窗、影壁、屋脊、砖雕、上梁仪式、天井等等。选题越具体、越集中，越能书写得深入，越能说得透彻。从不同方面，把这一指向范围细微的"事象"的表现形式、过程、内涵，阐述清楚。一个选题，仅涉及一个方面的话题或事物。全书就围绕一个具体的民俗事象集中笔墨展开阐述。

二是强调地域性。选择具有地方特色的民俗文化。选题不避偏，即便是不为外界所知的民俗文化事象，也可以作为选题。这样的选题纳入整套文库之中，其所描述的对象就成为整个中华民族民间文化体系中的一部分，具有不可替代的位置。通过这套文库的出版，将这一原本影响不大的民俗文化事象推向全国，乃至世界。地域是具体的，而不是覆盖整个省，乃至大片地区和流域，而是局限于某一市县，某一城镇，某一村落。写一个具体地方的某一具体的民俗事象，民俗事象所流传的范围是明确的。当然，也有的以一个地方的某一民俗事象为书写中心，适当涉及其他地方相同的民俗事象，包括引用其起源、历史发展脉络和内涵分析等方面的相关资料，采用了以点带面的叙述范式。也有的通过图片的方式，链接其他地方同一民俗文化事象，做一些适当比较。

在这两点要求的基础上，这套民俗文库的选题是开放性的，面向中华各民族的广袤大地和民俗文化的汪洋大海。

《民俗文库》中的每本书字数在 6-7 万，近百幅图。根据选题本身的特点选择不同的写作角度和呈现方式，甚至有的以图为主，文字只是起到辅助、说明的作用。也有的以一个故事或传说为引导，再进入民俗事象本身，展开层层阐述。每本书的结构简洁而又灵活，便于作者把握和读者阅读。在述与论的关系方面，以"述"为主，"述"是全书主要的行文方式和表现主体，以论为辅。富有层次地清晰地演示特定民俗事象的表现形态及其现状和历史，说明其深厚的文化内涵，提供其社会及文化背景。每幅照片都有比较详实的说明，诸如照片中的人是谁，都在干什么，主要景观和物品的名称、含义，画面属于仪式过程的哪个环节等。照片不是配图，不是为了美观，而是整本书的有机组成部分。

这套《民俗文库》追求一种"原生态"写作境界。这里的原生态，就是强调民俗表达的原汁原味。所使用的文字素材和图片基本上是作者自己采集到的，第一手资料夯实了全书的所有内容。这套文库的作者绝大多数不是学者或专业研究人员，而是地方文化精英，是地方民间文化传统的积极传承者。作者就是当地人，对这一选题或这一民俗事象最为熟悉，而且反复经历和参与过这一民俗活动，最了解这一民俗活动，并具有一定的书面语言表达能力，是最适合写这本书的人。作者对这一选题有比较丰富的资料积累和信息储备，是这一选题的代言人和权威，而书的出版更是对作者权威地位的认定。这套文库的价值主要不是学术上的，不是理论方法方面的，而是发掘地方民俗文化资源，真实、客观地再现了民俗文化，展示了民俗文化本身具有的文化魅力和现实意义。这套文库可称之为原生态民俗文库。

《民俗文库》编纂和出版的动机是宏伟的，具有高远的历史文化志向和神圣的现实责任感。这一浩大工程值得您的期待，更值得您的关注。

万建中
2015年元月20日于京师园

目 录

引言 1

一 来源于千年的传说

1 石上村 6
——千年客家村 6

2 汉帝庙及"杀鸡" 8

3 割鸡与担灯 12

二 割鸡担灯活动的开展与内容

1 祠堂、寺院的建造 20

2 龙灯、马灯 25

3 宁都采茶戏 31

三　割鸡担灯祭祀前的活动

1　马灯会给村民拜年、散马粮⋯⋯⋯⋯⋯⋯⋯⋯⋯⋯34
2　马灯会主持开会⋯⋯⋯⋯⋯⋯⋯⋯⋯⋯⋯⋯⋯⋯43
3　亲戚朋友道贺日⋯⋯⋯⋯⋯⋯⋯⋯⋯⋯⋯⋯⋯⋯46
4　收马粮、采茶戏开演⋯⋯⋯⋯⋯⋯⋯⋯⋯⋯⋯⋯49
5　清源祖师堂割鸡⋯⋯⋯⋯⋯⋯⋯⋯⋯⋯⋯⋯⋯⋯52
6　廻龙寺集体还原朝拜⋯⋯⋯⋯⋯⋯⋯⋯⋯⋯⋯⋯55

四　割鸡担灯活动的全过程

1　割鸡活动⋯⋯⋯⋯⋯⋯⋯⋯⋯⋯⋯⋯⋯⋯⋯⋯⋯60
2　担灯活动⋯⋯⋯⋯⋯⋯⋯⋯⋯⋯⋯⋯⋯⋯⋯⋯⋯75

五　与割鸡担灯活动有关的趣闻轶事

1　没有菩萨的汉帝庙⋯⋯⋯⋯⋯⋯⋯⋯⋯⋯⋯⋯⋯94
2　廻龙寺的传说⋯⋯⋯⋯⋯⋯⋯⋯⋯⋯⋯⋯⋯⋯⋯99
3　留石下庵的故事⋯⋯⋯⋯⋯⋯⋯⋯⋯⋯⋯⋯⋯⋯101
4　赶在割鸡担灯活动前出生的人⋯⋯⋯⋯⋯⋯⋯⋯106
5　半夜割鸡的故事⋯⋯⋯⋯⋯⋯⋯⋯⋯⋯⋯⋯⋯⋯111

引言

在中国古老的大地上，有着种类繁多、多姿多彩的传统节日风俗。位于赣鄱大地上的江西省宁都县石上镇石上村（北纬26°51′，东经115°40′），每年在元宵期间，就会举行一场别开生面的民俗活动——割鸡担灯。

这项民俗活动，引起了当地政府的重视和外界的广泛关注。目前已被列为省级非物质文化遗产。

割鸡担灯，是在元宵节期间，石上村村民集体性祭祀汉帝的一种

石上镇全景（连新民摄）

闹元宵的习俗。这个习俗的核心内容是：村中李姓所有生了男孩的人家，都要到汉帝庙杀鸡祭拜汉帝，感激汉帝保佑家中生了男孩。同时进行一系列祭祖和拜神以及游灯活动。到目前为止，活动中的主要内容包括两大部分：割鸡和担灯。

割鸡，是活动的前半部分：农历正月十四下午，村民拿着大公鸡到汉帝庙杀掉，祭拜汉帝。担灯则是活动的后半部分：担着灯游走，走遍村子及部分田野，朝拜村里村外周边的各种古迹，感激亲朋好友对自己割鸡担灯的帮助。割鸡与担灯，是这项民俗产生和发展过程中的两个阶段。从目前项目的内容看，前者是敬神，而后者则是娱神和娱人，但更多的是娱人过程。至于活动中的其他所有过程，都是为了割鸡和担灯这两个主要程序而展开。

农历正月十四下午16时一过，在石上镇西北边方向的老街上就会响起震天撼地的神铳声。随之，从镇子里四面八方涌出一队队由唢

马灯会用神铳通知活动进程（1）（黎传综摄）

呐和锣鼓组成的乐队，伴送着一队队拿着各种祭品的村民，各自朝着镇子里的六个李姓祠堂走去。一时间，你东我西，鼓乐此起彼伏，队伍在镇子里来去穿梭，让人目不暇接，好不热闹。

马灯会用神铳通知活动进程（2）（黎传综摄）

每一支队伍，走在最前面的是放爆竹的，其后是手中举着一只雄鸡的、手中端着蜡烛架子的、拿着祭品的、扛着没燃的爆竹的，热闹翻天地前行着。每个人脸上的表情都显得庄严、执著而神圣，旁无杂念。据了解，一年中这种割鸡队伍的多少，是由这个村子里前一年李姓人家男孩出生人数的多少而定的。

割鸡队伍首先要到自己的分祠堂去进行祭祖活动。然后，再集中到汉帝庙里去割鸡。即去汉帝庙朝拜杀鸡，供奉汉帝。

第二天，即元宵节下午，便要进行活动的后半部分——担灯。而担灯的阵势和气氛比割鸡更热闹、更震撼。各分祠堂放"添灯爆"一个多小时里，一杆杆鞭炮齐鸣，响声此起彼伏，爆竹烟雾弥漫了整个村子的上空。一束束带着震撼声冲天而起的礼花冲向深邃的天空，场面极其壮观。

对于江西省宁都县石上镇的割鸡担灯活动，外界的关注程度也在不断地增加。每年都

"新丁"户在分祠堂祭祖（黎传综摄）

有大量记者、作家、文化工作者、摄影工作者和摄影爱好者前来这个村子观看这项民俗活动和景观,有时达数千人之多。

这项民俗活动的许多照片、视频在网上能随时观看。近年,这项民俗活动已经被列为省级非物质文化遗产保护项目。

这项古老却仍然焕发着生机的民俗,有资料可证明的,就有400多年(族谱记载)历史,但按照村人相传的故事,则已有千年的历史。村子里除李姓人外,其他各姓同样参与这项祭祀活动。村民对这项活动的痴迷和执著,确实是令人吃惊。据几位80多岁的老人回忆,即使是"文化大革命"那样的年代,"公社抓得最紧的时候,这项活动,都还是暗暗地存在着"。老人们回忆起当时的情形,无不感慨万千。

改革开放后,村民开始大胆地进行祭祀活动。近十年来,由于村民生活得到大幅度的改善,财力增强,村中每户前一年生了男孩的人家,用于割鸡担灯的费用都在六千到一万多元不等。随着活动费用的增多,活动便越做越大,影响力也越来越广。直接参加活动的,不但有全体的村民,还有外村与村中有亲缘关系的人。

每到割鸡民俗活动进行时,不少摄影爱好者都前往采风。图为采风队伍占据各个高点记录活动(石传雄摄)

一 来源于千年的传说

1. 石上村
——千家客家村

想要了解石上村割鸡担灯的历史，我们还应先了解石上村。

据国际客家学会、海外华人资料研究中心、法国远东学院出版的《宁都县的宗族、庙会与经济》一书中的记载，加上村人的讲述，可以大概了解石上村的历史。早在西汉时期，山东、安徽的几户花姓人家，来到石上这个无人居住的地方。他们看见石上周边的山上树木茂密，河中的水深不见底，山脚下土地上的野草也非常丰茂，便在这里落下脚来。最初只是在这里搭建了茅草棚子居住，开地种粮，他们便成了这里最早的开发人。相传这些花姓人中也有人有文化，见村北有三座小石山，因为这里的石头生得非常奇特，便分别取名为：河石脑、石朵脑、石寨脑。由于梅江中碧水涌流，小溪四面纵横，到处都生机勃勃，他们便将这个地方叫石溪村，后来又将村子改叫石上村。

花姓人家在这里繁衍生息了二三百年。最初也能够谋生，人丁也有了一定的发展，但到了后来，不管怎样村人也发达不起来，生活总是很苦，人丁也渐渐变得越来越少。一天，一个外地远游而来的风水先生，看了这个败落的村子，便告诉村人，这个地方花姓人家不能再住了，因为"石上栽花，千年不发"，花姓人家要快快搬往他地，方能发达兴旺。这样一来，花姓人便陆续全部搬离了石上村。

这段带传说性质的具体生动的故事，显然有很重的口口相传的痕迹，我们不能说是完全真实可信的。但是，有一段有力的引证材料，足可以说明，花姓人确实曾经在这里生存过。据石上村的彭月生老人回忆，20世纪50年代，他们在修公路时，挖到了不少西汉时期的坟墓。当时他还是一个年轻小伙子，读过一点私塾，能识一些字。他看到墓碑上清楚地写着花姓人的墓。他记得最清楚的是在1966年公社建仓库时，还挖出了一座花姓人的墓地，墓碑上的许多字还清晰可辨。他记得上面记载着花某某之墓的字样，此人生于西汉时期的前181年某月某日，终年八十七岁等等。当时县博物馆还请来了省博物馆的专家，对墓砖进行了考证。最后确认，这是一座古汉墓。而根据已退休博物馆老同志的回忆，确有其事。因此可以认定，石上村最初的开发人就是花姓人。

2. 汉帝庙及杀鸡

史书记载,西晋时期,石上村迁来20多户人家居住,其中有李姓、廖姓、曾姓、彭姓等。这些人全部来自当时战争频发的中原地带。

随着时间的推移,迁来的人越来越多。这些客家人有时为了各自的利益,有时为了对付外来的侵袭及大自然中的各种侵害,经常会发生各种惨烈的搏斗和抗争。加上当时生产力水平极度低下,从事劳动的人力显得非常重要,于是,生儿育女壮大家族力量,就成为当时客家人共同的、非常强烈的愿望。

在这众多外来的客家人中,有一个叫李长贯的人,家中已经算是相当富裕,在当时可以说是家财万贯了。但是,传到他这一代却成了独门独户。更糟糕的是,他自己娶亲已有二十余载,却一直未能生得一男半女。如果再这样下去,他们的家族就会至此中断。这传宗接代的大事成了两口子的心病,两口子非常着急,心情一直也不好,日子自然过得没滋没味。他们眼见着自己到了四十多岁,心里就更加绝望。

然而,一天夜里,李长贯的妻子突然做了一个非常奇特的梦。在梦境中,她来到了村子河边的一座庙里朝拜,猛抬头一看,却见上面写着"汉帝庙"三个字,拜后回到家便生下了一个儿子。醒来后,她内心非常矛盾:告诉丈夫吧,又怕揭了丈夫内心无子嗣的伤疤,丈夫听了又要伤心和叹惜;不告诉丈夫吧,这实在是一个非常好的梦。于是,一连几天她都闷不作声,晚上在睡梦中总是不安。白天她来到自己梦中朝拜的地方,这哪里有什么汉帝庙,只能见到江中碧绿的江水和身后静静的小村子。她便伤心地跪在地上对着河水拜天拜地。

一天晚上,夫妻二人静静躺在床上。妻子说:一个这样的村子,竟然没有一个烧香跪拜求助的地方,实在是不应该呀。李长贯说:我们的神在北方,这山野地方是没有神的。妻子再忍不住了,便将那夜梦中的情景告诉了李长贯。李长贯听了也很惊奇,顿时心中有所悟。当夜便随妻子来到她梦中朝拜的地方,点燃香烛,跪下对着梅江,对着天地拜了三拜,并心中默默许下诺言:如果能圆妻子梦中所见之事,让自己得一子嗣,自己定出资在这梅江河边建造一座汉帝庙,塑汉帝金身,并每年杀鸡朝拜。

事情却也非常灵验。就在李长贯夫妇许愿后不久,他的妻子果然怀上了身孕,并且在当年十二月十四日生下一男孩。这个男孩被李长贯夫妇取名为李汉灵,即汉帝显灵的意思。

李长贯非常高兴,如朝拜时所许诺言,拿出银子,购来砖木,请来工匠,选了一个良辰吉日,在夫人梦见之所,动工建汉帝庙。只用了二十多天时间,庙就建了起来。他又从外地请来雕刻师傅,塑汉王神像,并染上金身。从此,在这个山野之地,便有了第一个可供祭祀的地方。

汉帝庙全部竣工的日子,刚好是到了次年正月十四,也就是李汉灵满月的这一天。为了举办好这个盛典,在四周乡里出了名的看重钱财的李长贯,这一次却大宴宾客。他将附近三五里内的客家人都请来

相传存在了 500 年的汉帝庙,每年举行割鸡活动的重要场所(钟小春摄)

吃酒。一时间,这些来自不同地区,平时很少来往的客家人都感到非常新奇。李长贯依照故乡祭祀的做法,一切都做得有招有式。在庆典中,气氛也是非常热闹。李长贯满脸春风,自己恭敬地跪在神像前点燃香烛,妻子则怀抱着李汉灵跪在神像前。在爆竹声中,李长贯亲自杀了一只大红公鸡,以示还愿。

从此,到了每年正月十四,李长贯都会前往汉帝庙,点燃香烛,杀鸡,进行祭祀,并且把这项活动称为"杀鸡"。

在李长贯的影响下,周围的客家人都渐渐地前来庙中朝拜。李长贯在周围的影响力也不断扩大。据说,周围客家人之间的关系也因此得到了很好的改善。而离这里远些的客家人,也效仿李长贯的做法,

割鸡渐渐成为习俗(钟小春摄)

建起了汉帝庙,每年进行祭祀活动。

一项民俗的产生,会有原生态——次生态——再生态的演化过程。李长贯祭祀汉帝的仪式,并非完全是原生态。其中有中原文化的助力,但从其原动力可以很清楚地看到,祭祀汉帝的仪式更多的是基于一种需要,基于客家人当时的境遇所产生的心态。而他这种杀鸡祭祀的个体行为,在渐进的过程中,为当地多数客家人所认同,一种客家人特有的文化心理和文化形式便产生了。

3. 割鸡与担灯

时光荏苒，相传到了李汉灵长到十七的时候，便已经长成为一个大人。年过花甲的李长贯真是喜出望外，抱孙子的愿望也欲加强烈。就在李汉灵18岁那年的春天，便为他办理了婚事。而就在当年，李汉灵的妻子便怀了孕，到了第二年，便生下了一对双胞胎。李长贯是大喜过望，为两个孙子取名为李宗、李代。

孙子出生不久，李长贯生病在床。他知道自己将不久于人世。一天夜里，他将儿子叫到床前，嘱咐儿子，到了明年正月十四，要做好一对大红灯笼，挂到汉帝庙门口的两边，要大宴四邻宾客。他还告诫儿子，要告诉子孙万代都不能忘记每年去汉帝庙杀鸡朝拜；今后为人不能小气，要多做善事好事。

李长贯去逝后，李汉灵记住父亲的遗言，对外来的贫苦之人总是尽力施舍，还在农闲之时做一些修桥补路的善事。村民对李汉灵尊敬有加。

事情却也是尽如人意。在后来的四年时间里，李汉灵又得了两对双胞胎，且都是男孩。李汉灵先后将第二对男孩取名石生、石宝，第三对男孩取名为汉仁、汉宗。这样一来，李汉灵便有了六个男孩。李汉灵更是牢记住父亲的话，对汉帝庙每年的祭祀做得更大，他对穷人的善举也更加大方。又过了四年，李汉灵又生下两个女儿：一个取名梦珍，一个取名梦圆。在家庭繁衍兴旺的同时，由于李汉灵勤劳耕作，节约持家，日子越过越红火，在他父亲的基础上更上一层楼。可以说是人财两盛。

到了六个儿子稍大些时的一年春天，李汉灵带着六个儿子来到汉帝庙旁，栽下六棵樟树（现在汉帝庙旁边还剩三棵千年古樟。据传在光绪二年发大水，梅江暴涨，冲走了三棵），意为：兄弟六个要像六棵樟树一样，根深叶茂，长大成才。

"添丁"，是客家人最大的喜事（黎传综摄）

李汉灵和六个儿子栽下的六棵樟树，如今仅保留三棵（钟小春摄）

最早，石上这个地名只指现在的梅江东岸。在梅江的西岸江畔，是无人居住的荒野之地。而随着客家人的不断迁入，梅江西岸居住的人也渐渐多了起来。且因为李汉灵的影响，在西岸居住的人也将西岸的地名同叫为石上。随着时间的推移，东西两岸的人因为生产、生活有了相互的走动，交往也渐渐密切，许多客家人之间通婚的情况越来越多。当时两岸遥遥相对，但由于梅江的阻隔，东西两岸的人在往来中，却要从村子下游的一个叫"五古渡"的地方坐渡船过河，往返的路程是近十里地。但是，他们也经常因为渡船繁忙，浪费了大量的时间，两岸百姓苦不堪言。有时，有些胆大的人便从河中浮水渡河，但每年总会有几个人因此淹死在河中。

这件事对李汉灵触动很大。他拿出银钱，买来坚实的木料，请来工匠，带领六个儿子，在一个冬季，修了一座将两岸连接起来的木桥。

据说梅江水深不见底,可想而知,在当时生产工具极度简陋的情况下,要架起这样一座桥是何等的难事。后来一个有文化的老先生经过这座桥,很是感慨了一番,将这座桥命名为取渡桥。意思是:取代了坐渡船过河的桥。从这个老先生取的桥名中,我们可以感受到,老先生对这座桥的建成又是何等的快意。

梅江每年里都会涨几次水,不时把桥冲走,有时冲走桥板,有时冲垮一些桥墩。李汉灵在江水退去后,或立即让人找回桥板,或是重做桥板,或是重打桥墩,总之,要保证两岸畅通。据说,千百年来他的子孙后代也一直是这样做的。

因为造桥,两岸的人称李汉灵为贤人。从此,李汉灵更加受人尊敬。

随着两岸居住人口的增多,村民们受李汉灵家兴旺发达的启发,许多人家在每年正月十四都会自愿参与"杀鸡"祭汉帝。这逐渐在村子里形成了一项规定:凡是头一年村子里生了孩子的都称为添新丁,而生儿子的人家,都称为新丁户,或红丁户。这些新丁户在正月十四都要到汉帝庙去杀鸡挂灯笼,祭祀汉帝。到后来,也许因为有了一定文化水平的原因,人们觉得"杀鸡"的说法太直白,一个"杀"字带着血腥气,不吉利。于是他们将"杀鸡"的说法改成"割鸡"。"杀"与"割"一字之差,体现了当时文化的进步。

在李长贯、李汉灵家族的影响下,这个村子里,形成了一种勤劳、

图为添丁户在汉帝庙里割鸡的情景(石伟雄摄)

民俗传承了善良的本性。一家添丁，百家祝贺。客家人是非常好客的，他们不仅邀请亲朋好友出席，而且前来观看民俗风情的外地客也被邀请入席。图为割鸡家宴（黎传综摄）

节俭、善良的品格。村民们在平和中繁衍生息，生存发达。据说，这里的客家人相信，只要努力工作，多做善事，汉帝一定会保佑他家人财两盛。直到今天，与当地的村民接触，我们仍然能感受到这些品格的存在。

记得我第一次去义乌，快下汽车时认识了一个石上人（当时只知道他是宁都县的）。我们一同在凌晨一点多从义乌下了车。我要去的是小商品交易市场，而他则要去他打工的厂里。我们坐的是一趟去上海的长途客车，并不在车站下车。下了车，茫茫四顾，只见四面都是公路，也不见什么行人，离宾馆饭店大概还有不少路程。往哪里走呢，我一时就犯了难。在那个年代,不论哪儿的社会秩序都是很乱的,打杀抢劫经常发生。他见我犯难就主动问我:去哪里?我告知他后,他说,我送你到市场附近的一个饭店吧,我熟。一会儿来了的士,他和我一起上车。我并没有和他说多少话,我身上带了不少钱,我对他的主动是保持警惕的。因为那个年代的人都和我一样,不认识的,即使说是故乡的人也不能轻易信。到了一个小饭店下了车,他便叫我自己去登记住宿,我和饭店的人接上头了,一种安全感油然而生,他便要离开。我问他是宁都哪儿的、贵姓,他笑了一下说,是石上的,姓李。我拿出坐的士的钱要给他,他说什么也不要,走出饭店消失在不太光亮的路灯下。我当时非常感动,感动的不仅是他出了这几块钱,更是他那平实、善良的品格。这件事一直让我记了近二十年。因为时间太短,灯光不亮,加上几分担忧,当时我并没有记住他的脸。

后来因为当地经历战乱加上自然灾害的缘故,汉帝庙也曾倒了几次。但每当世道稍一平静,李氏子孙就很快将汉帝庙修复。据村中李氏家谱记载,到了1246年,汉帝庙重修了一次。这个时候,祭祀活动不单是割鸡,还加进了担灯,并定名为"割鸡担灯"。据说最早的时候,担灯只有两盏。到了1328年,担灯增加到四盏。到了明朝,即1522年,担灯又改为六盏,并且还加了两盏小灯。其中含义是:六盏大灯是代表六个男孩,两盏小灯是代表两个女孩,即表示有男有女的意思。据现在几位八十多岁的老人说,这样的演变,其实就是纪念李长贯、李汉灵一家的意思。

所谓担灯,并不是将灯用肩膀担起来进行走游,而是用双手将灯托着走游。因为担灯的加入,割鸡担灯这个概念正式形成,这场祭祀活动一下子也增加了更多的内容。同时,因为表现形式的变化,内涵中有了更多的文化和娱乐成分。担灯的制作、灯花的剪制、游灯场景的安排等都有了文化内涵的创造性。而在这项习俗的目的中,"娱神"的同时则添加了更多的"娱人"成分。

二 割鸡担灯活动的开展与内容

1. 祠堂、寺院的建造

据族谱记载，石上村人口最初搬入的只有二十多户；1278年，石上北村的李家段约八十多户人家搬入石上村；1312年，李家段的湖圳口三十多户人家搬入石上村。这样陆陆续续不断地搬来（当然也有一些迁走的），石上就有一百多户人家了。这些人口中大多为李姓人家，也有曾、彭、刘等杂姓，但所占比例很小，李姓的影响最大。而传到今日，通过族谱能查到来龙去脉的，当为当地李姓的开基祖"公超翁"一族。这一族是从抚州的栅栏门迁到宁都琳池的。迁到琳池时，"公超翁"生了两个儿子，其中一个儿子叫"海螺公"。"海螺公"同样生了两个儿子：一个叫英发，一个叫先发。而这个叫先发的二儿子，在成家之后，就迁到石上居住了。

先发所传的这一族，就是石上现在最大的李氏家族。先发来到这里，一连生了六个儿子，全部留在石上村生活。从"公超翁"传至现在，李姓已是第四十六代。其中在石上就繁衍了三十多代（族谱记载）。先发生的这六兄弟，后来在村子里分成了六个大房。

人多起来了，人气旺了，每年割鸡担灯祭祀活动的声势就变得更为浩大。在割鸡担灯活动的影响下，其他形式的祭祀、朝拜也渐渐兴起。

在这样的氛围影响之下，村子里先后建起了多个庙宇。除扩建汉帝庙外，后来还建起来了仙峰寺、真峰寺、廻龙寺、留石庵、老倌庙、谷雨庙等。村南村北还各建了社公庙。而最为有影响的是李氏一族在村子里建的七个祠堂，也就是今日我们所见到的割鸡担灯活动全过程的主要场所。其中六个祠堂分别是：长房"日升公"房的霞村祠、二房"敏文公"房的排上祠、三房梅海公祠（也叫"四九祠"）、四房"用常公"的井头祠、五房"惟显公"房的外禾祠、六房"惟詹公祠"（也叫"蛇坑祠"），它们均建于明朝万历年间。明代末期，也就是1628年，李姓族人建造了前面六个分祠堂的总祠堂——公超祠，也叫六房祠、李氏家庙。

日升公祠（黎传综摄）

梅海公祠(钟小春摄)

惟显公祠(钟小春摄)

惟詹公祠（钟小春摄）

李氏家庙（钟小春摄）

各种祠堂庙宇的建造，各种祭祀活动的兴起，是当时这些客家人寻找归属感的一种表现。在当时客家人的心中，对归属感的追求是非常强烈的，一个较为完整的祭祀场所和祭祀体系，是他们内心归属感和安全感的一种依托。而村子里李氏七个祠堂的建造，则使割鸡担灯祭祀过程的意蕴指向更加成熟、深刻。在客观上，可以说，这里成为了当地客家人思想文化建立和发展的一个启蒙和纽带。当然，这里也成了村子里每年一次盛大节庆娱乐活动的场所。割鸡担灯活动，全村所有人都参与其中，客观上也就成了当地村民的文化活动。

在这个阶段，担灯中的灯，由担灯改叫世灯。其内涵是：有人就有世界。这种改变更加强化了村民生儿育女、壮大家族的强烈愿望。

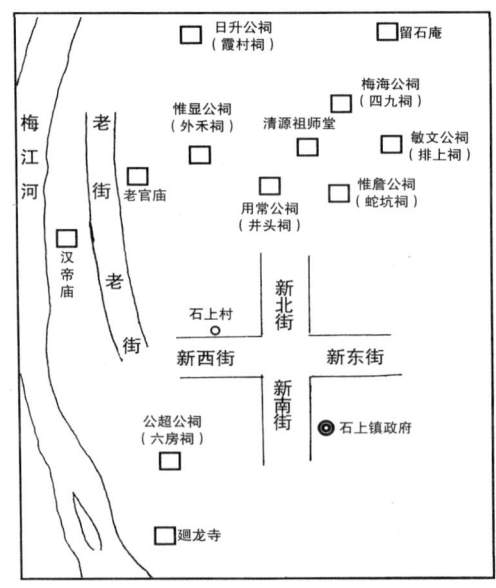

石上李氏宗祠分布图

2. 龙灯、马灯

割鸡担灯这一民俗活动，在其发展过程中，围绕着活动需要，不断地加入新的文化内容，其中龙灯和马灯及当地产生和发展起来的采茶戏，都成为活动过程中的组成部分。其中以龙灯和马灯与其融合得最为一体，而两者之中又以马灯在割鸡担灯中起的作用更为重要。

相传在唐朝的时候，龙灯已经加入到了割鸡担灯的活动中。它在给村民家拜年和割鸡担灯游灯活动中是领头的角色。在锣鼓唢呐乐队的配合下，龙灯的出现给割鸡担灯增加了喜庆的气氛，给人以大气磅礴的感觉。

大概到了清朝中后期，马灯也加入到割鸡担灯的活动中来。相传，马灯是和宜黄戏班子一起从湖南来到当地。其后马灯在当地传承下来，并被引入到活动中。从当前活动中的表现来看，后期进来的马灯，在割鸡担灯的活动中，担当了比龙灯更为广泛的角色，其所担当的文化内涵也有更加丰富的表现。

龙灯和马灯及采茶戏的加入，是割鸡担灯活动进化的重要表现，其文化内涵的增加更加明显。祭祀和娱乐互为推助，形成了一种当地客家人特有的文化氛围。显然，这种形式和内容，也是当时客家人思想和文化内涵最为重要的组成部分。

世灯

世灯共有六盏大灯、二盏小灯。六盏大灯为担灯，用棍子串成一担，左边三只，右边三只。游灯时，一个强壮的男人，用双手的小臂，托在肩挑的位置上，托着走游。虽然叫担灯，但并非如我们通常所理解的，用肩担着。两盏小灯，在灯的横挡位置，用绳子吊在一根一米左右的棍子上，游灯时，分别由两个小男孩，把着棍子，用手举着走游。按照石上村村民的理解，这八个灯其中六个大灯代表六个儿子，两盏小灯则代表两个女儿。村民认为，只要有人就有世界，希望人人都要

八个灯结构完全一样，只是小灯的尺寸只有大灯的一半（黎传综摄）

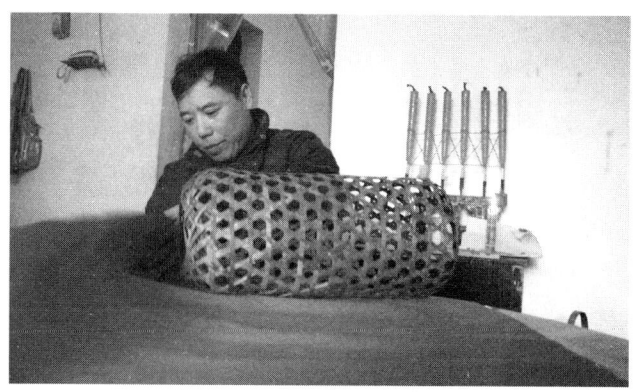

村民在制作世灯（石伟雄摄）

像前人李汉灵一样，生六个儿子和两个女儿。

世灯共有八盏，但其结构完全一样。只是小灯的尺寸是大灯的一半。灯座是用一个木质的座子，用一根带皮的竹片弯成椭圆桶状，将座子连成一体。最上面的位置，是竹片弯成的横挡部位，供扁担串着担灯。还有一个灯罩，是用篾丝织成椭圆桶状。使用时，将灯罩从上往下罩，罩在灯座上，横挡会露出上端，供担灯时串扁担之用。这样，一个世灯即完成了。

龙灯

过去的龙灯，是村子里做的（民国时期做的架子如今尚在）。龙灯分为龙头、龙身、龙尾。当时一盏龙灯由五个人举着走游，或进行各种表演。而现在的龙灯，则是从外地买来的，长度有十五米，需要十五个人才能完成龙灯的走游或表演。

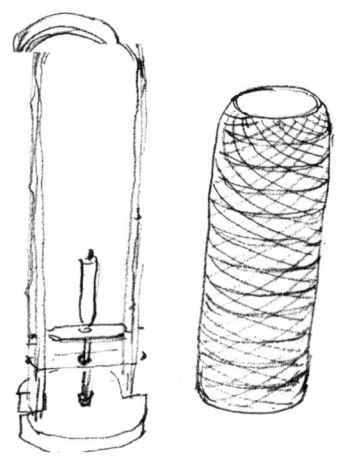

世灯构造（左为灯座，右为灯罩）

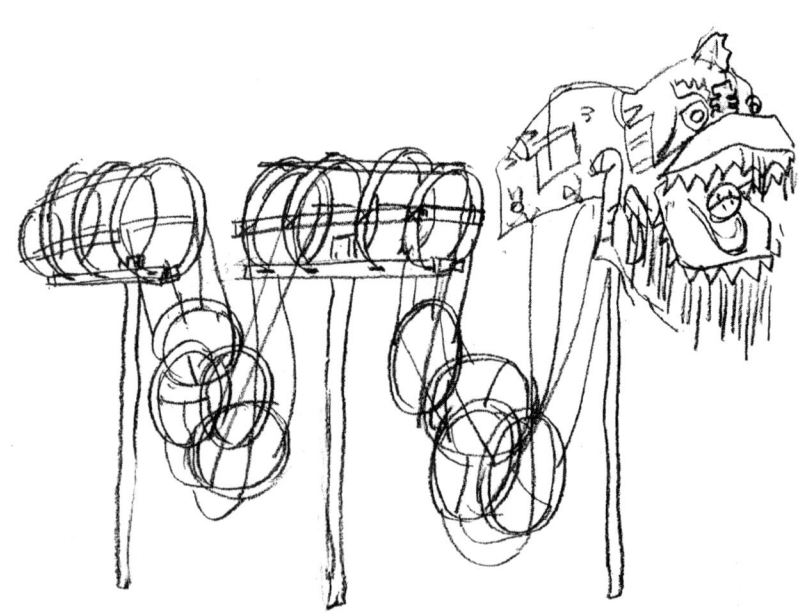

村子里传统的龙灯构造

过去制作龙灯时，龙头为一个座子，用一寸见方的条木，根据龙头的形状制作而成。龙身为三个座子，座子是木头做成的。每个座子上是四个用带皮的竹片做成的大小完全一样的圈子，圈子用麻线绑定固定在座子上面。在每一个座子之间相连接的，是大小和龙身座子完全一样的竹片做成的圈子，用绳子相连接，成为一个整体。整个龙灯的长度为9.6米。每当要用龙灯时，只要将用红布做成的龙身绷在架子上即可。

马灯

马灯从过去至现在，完全一样，没有更新的样式。

马灯的制作，先是用竹片做一个框架。

马灯的长度是160厘米，高是70厘米。在框架的中间留有一个约能通过一个人臀部的空间。当框架做好后，再用做好的马头模样的布绷好，一匹马的形象便显露出来了。马灯共为五盏，分别要用红、黄、花、白、黑五种颜色的布来绷。进行游灯或表演时，表演者只要站进马灯中间的空档位子里，将马灯提起，用红带子在腰部系紧，这样，马灯便被固定在这个人的腰部，人与马灯浑然一体。在进行游灯或马灯表演时，人一走动起来，似乎这个人就是骑在马上，马灯的头部一颤一颤，尾部一摇一摇的，马的样子便非常生动形象地表现出来了。

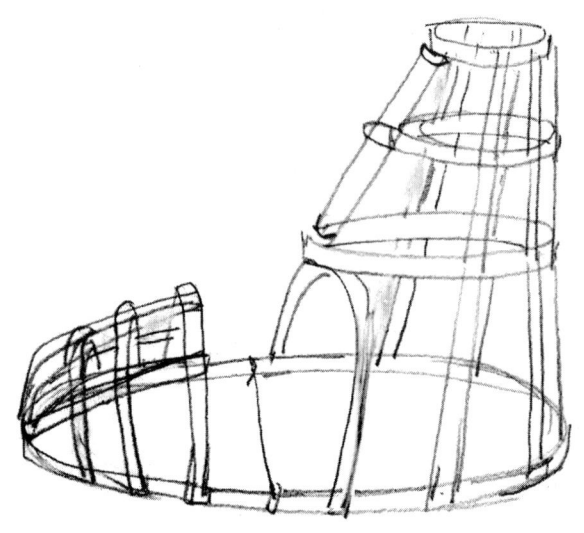

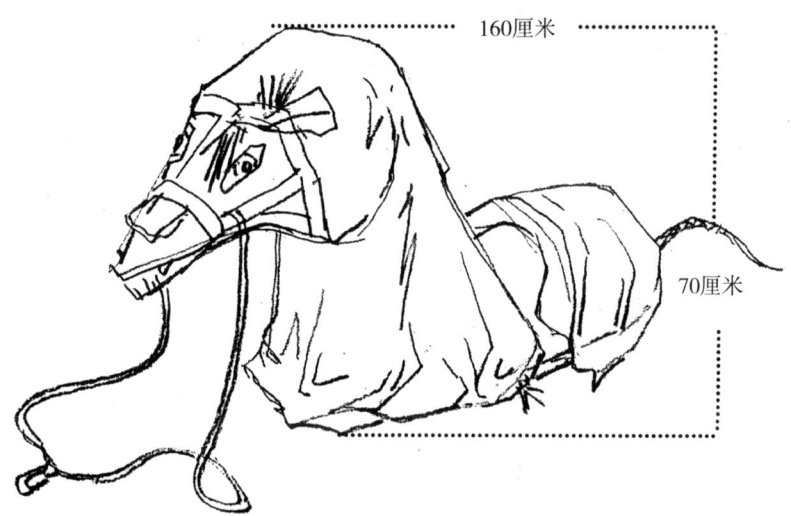

马灯构造图

3. 宁都采茶戏

宁都采茶戏，是在明末清初宁都当地产生并发展起来的一个独立剧种，现被国家文化部列为全国365个独立剧种之一，同时也被列入江西省省级非物质文化遗产保护名录。宁都采茶戏目前还保留了独立的音乐、表演程式、服装、道具，有一百多个当地传统剧目。它能演各种大戏，在表演中采用当地语言，有浓厚的地方气息。最为可贵的是它的音乐，曲调委婉深情，有很强的感染力，在当地很受欢迎。当然，它也能被外地人接受。宁都采茶剧团早些年曾多次到广东、福建、浙江等地演出，很受这些地区民众的欢迎。此剧种目前在宁都的人气仍然很盛。特别是农村，每当传统节日、庙会、家中办喜事，都会请来采茶戏班子演出。近十年来，当地的一些戏班子请来摄影师，将传统和现代的大批剧目搬上荧幕。各种采茶戏连续剧被拍摄后销往当地和周边县市，及广东、福建、江浙等地区。

宁都采茶戏在当地的传统文化中占有很重要的地位，而割鸡担灯又是当地一个非常有代表性的民俗项目。于是，将宁都采茶戏融入到割鸡担灯之中，是村人在"娱神"的基础上，将"娱人"成分的进一步增加。

宁都采茶戏在当地传统文化中占有很重要的地位（江春生摄）

三 割鸡担灯祭祀前的活动

1. 马灯会给村民拜年、散马粮

按照旧的规定,在大年初一这一天,马灯会给全村拜年。但是随着村子规模渐渐扩大,一天时间已不能完成给全村每一户人家拜年,所以现在基本上都要两天,也就是初一、初二两天才能完成。而且马灯会还要每天从早上七点钟出发,到晚上七点,近十二个小时才能完成。同时,如果这一次的拜年有的村民因为外出(如外出做客等)而没有赶上,后来又主动要求马灯会前去拜年的,那么在初九之前,马灯会都会专门组织前去他家拜年。当然,给村民拜年、散马粮,也是马灯会为割鸡担灯筹集公用经费的一个过程。

拜年的队伍在大年初一的早上七时左右出发,龙灯和马灯都要一起出发。走在前面的是龙灯,其后是两盏牌灯。牌灯上分别写有"风调雨顺""五谷丰登"。走在牌灯后面的是马灯。马灯共有五盏:走在第一的是红色马,意为皇帝骑的马;走在第二的是黄色马,意为文状元骑的马;走在第三的是花色马,意为武状元骑的马;走在第四的是白色马,意为皇太子骑的马;走在第五的是黑色马,意为武将骑的马。走在马灯后面的是打神铳的三个人。其后是乐队,再后面是收钱的一人，收烟的一人。

拜年和散马粮同时进行。拜年的先后次序，每年都会作调整。因为如果长期按一个次序，村民中一些人就会有意见。村民们认为，拜年靠后的每年都会落后，这不合理。所以，每一年拜年的次序都会不一样。调整好拜年的先后次序，尽量做到大家都合意。

马灯队快要到一个屋场或祠堂时，神铳手早早打响神铳，告知马灯队拜年来了。马灯队要挨家挨户拜年（上贺）。灯队每进一户，唢呐高奏《打马进城》的乐曲，气氛十分欢快热烈。村民们这时早已做好散马粮的准备：在家中厅堂中央安放着八仙桌，桌上点燃红烛、线香，整整齐齐地摆放着供果（敬神的水果、粮果）、香盘（在盘里盛着剪碎的红纸屑，与粮米混在一起装在盘子里，作散马粮用的粮米，在粮米上面放个红包，又称"上贺礼"，数额随各户经济情况及户主自己的意思而定）。这时，如果村民没有特别的要求，龙灯不一定进村民的家中，因为现在的龙灯太长，容纳不下。而有的人家房子空间开阔的，会提出要龙灯进入，龙灯就会进去转一圈，然后出来在主家门口等候着。

马灯则一定要进到村民家中。马灯一进门，户主的爆竹响起。首先，户主用双手合着线香，恭恭敬敬地向马队作揖三下，以祈求祖师赐福。马灯队进到这户人家中，视房子的宽阔程度，如果场地允许，则进行马灯表演。一般的人家在厅堂转一个圈，然后，五匹马在厅堂中横排成"一"字形，两个牌灯分别站两旁。拜年的程序便开始了。

喝彩师站在神台的脚下，首先向神台拜三拜，接着程序开始。

第一个程序是打八仙。所谓打八仙，就是喝彩师在锣鼓唢呐音乐的配合下，模仿戏文中的仙人到场，并进行对话。此程序表示仙人到场，对这一家人进行祝福的意思。

打八仙分为打"大八仙"和打"小八仙"。现分别将打八仙中的对话内容录于其下。

打"大八仙":

众仙请!

(锣鼓唢呐。曲调:打马进城。)

龙楼凤阁,万民安乐。

(锣鼓,戛然而止。)

站在金殿下,观看牡丹花。

喝彩师在散马粮时打八仙(江春生摄)

随手摘一朵,献给帝王家。

(锣鼓唢呐。曲调:打马进城。)

皇上:寡人门前一树槐,

槐花树上挂金牌。

金牌上面写大字,

各路王子进宝来。

(锣鼓)

郭子仪:拜见我主万岁!

皇上:下跪何人?

郭子仪:下跪郭子仪,今剿安禄山有功回家看望二老双亲。

皇帝:你爹爹封为养老太师,

你母亲封为贤德妇人。

封你郭爱将为宫中驸马,

封你众兄弟为平间侯。

封你自己为平间王。

封你三岁孩童戴乌纱,

封你七岁女儿穿红袍。

封你尚方宝剑先斩后奏。

封你三十六只民船走水路,

封你满朝文武送你出朝廷。

郭子仪:拜谢我主万岁,万岁,万万岁!

(锣鼓唢呐。曲调:打马进城,至结束。)

打"小八仙":

八仙到华堂。

(锣鼓唢呐,曲调:打马进城,戛然而止)

满门官得相,

一门三进士,

代代状元郎。

(锣鼓)

打八仙时,喝彩师模仿有戏剧色彩的声调。

关于这个程序,有的人家会提出要打八仙,而有的人家则不会要求打八仙。因为打八仙一般要多包"上贺礼",一般会要一百元以上,有的大方的人会出三四百元不等。所以,主动要求打八仙的人家,是要提前给马灯会说的。而给一般的人家拜年,不打八仙只喝彩,上贺礼的红包中只要包二十元以上就行。但是,对于新丁户(生儿子的人家),马灯会前往拜年时,则不会征得主人的意见,就会打八仙,新丁户的上贺礼也就会要一百元以上。这是一条不成文的规定。

当打八仙的音乐停止后，拜年——散马粮的喝彩开始。这时，喝彩师拿起香盘，面朝五马，一手端着香盘，一手将红纸屑所拌的粮米（稻米）散向马队，即散马粮，同时还高声喝彩。一般喝彩师会根据这一家人的具体情况，选择不同的彩词。常用的喝彩词如下：

一

五匹金马到厅堂，手拿金盘散马粮。
好子生五个，好女生一双。
大女千金小姐，二女正宫娘娘；
大子当朝一品，二子两广都昌；
三子云南布政，四子朝中宰相；
五子年纪虽小，管了全国的总钱粮，
总钱粮，总钱粮哎。
门前排列通桅杆，桅杆上面双斗子。
榜眼探花状元郎，状元打马游金街。
文武学士两边排，今日弟子赞祝言，
荣华富贵万年长。

二

五匹金马到厅堂，手拿金盘来散粮。
一散东方甲乙木，代代子孙都有福；
二散南方乙巳丁，铜钱银子斗量金；
三散西方丙丁火，代代子孙中央坐；
四散北方丁巳土，秀才出门状元回，
丰衣足食都有余。

三

（该彩词在祠堂中喝彩用）

（一）

五匹金马到祠堂，祠堂里面放豪光。

放豪光来放豪光，手拿金盘来散粮。

左边要开千年福，右边要开万个丁（万担灯）。

万担灯来万担灯，个个都是留洋生。

今日弟子粘玉口，多福多寿身安康。

（二）

满堂祖师到祠堂，祠堂里面放豪光。

放豪光来放豪光，人口要开几祠堂。

今日听我赞祝言，荣华富贵万万年。

四

满堂祖师到厅堂，手奉金盘来散粮。

一散风调雨顺；二散老少安康；

三散多福多寿；四散六畜兴旺。

五

（该彩词为做生意的人家）

（一）

满堂祖师到宝房，手拿金盘来散粮。

一散财通四海；二散利达三江；

三散生意兴旺；四散财源广进。

（二）

华光祖师进店房，生意兴隆货源广。
进销货物通四方，分文本钱赚万两。
华光祖师来保佑，年年发财百万户。

六

（该彩词为神庙彩语）

手提金盘散神粮，神像一身好吉像。
十万施主爆竹响，敬接华光归庙堂。
庙堂内外放豪光，红漆柱头黑漆梁。
瓦梁角子似檀香，华光祖师坐殿上。
左右带着猛帅将，前后还有四大王。
一保官民代代旺，子孙昌盛满祠堂；
二保五谷丰登粮，牛羊鸡鸭满山岗；
三保老人百岁康，青年学生进中央，
青年壮年力气强，生活提高奔小康。
今日弟子赞祝言，华光座殿万万年。

七

（该彩祠为新丁户彩词）

（一）

龙马进贵屋，代代子孙都得福。
龙马进你房，代代都是状元郎。

（二）

金龙银马到家,妹子头上载乌纱。

锣鼓吹打得好,妹子身上着龙袍。

(注:这里所说的"妹子",是这个村子里的大人对小男孩的昵称,并非指女孩子)

(三)

五匹金马到厅堂,手提金盘来散粮。

锣鼓吹打响又响,祝愿子孙进中央,

荣华富贵万年享。

八

(该彩词适用于为盖新房的人家用)

龙马锣鼓进新屋,新屋造起万年福。

左边造起金銮殿,右边造起聚宝盆,

幸福生活万万年。

以上为部分有代表性的喝彩彩词。一般情况下,喝彩人会根据不同的场合,进行临时发挥。但总体上都是祝愿兴旺发达、富贵荣华之类的内容。

喝彩师完成喝彩之后,村民便将香盘中的上贺礼(即红包)交给马灯会中专管收红包的人(过去收了钱随便丢进布袋,回去后统一点数,现在管钱的人则要当着大家的面点数,并做好登记)。

拜年和散马粮的过程,是割鸡担灯活动非常重要的一个环节。这里面有两层重要的意思。

第一,马灯会给全村村民的拜年祝福,是把割鸡担灯活动引向全村的一个程序。客家人对于过年是非常重视的,特别对于新年的"彩头"

是非常在意的。新一年的开始,村民主动将龙灯、马灯请进家中,便有驱邪保平安的意思。这是除新丁户之外的每户村民都能接受的。而对于马灯会在拜年中的喝彩,村民更是非常乐意接受。因为客家人对于特殊时期的语言带来的心理暗示,有着特殊的敏感。对于客家人中一般的人家,从大年初一开始,就连说话都是有禁忌的。除了不能直接说死、杀等不吉利的字眼之外,最须注意的是连说话时字词的谐音、象征意义都是要注意的。如猪舌头,要说成猪利子,因为舌头的"舌"字和蚀本的"蚀"字是谐音。如果是做生意的人,在过年中对于这个禁忌就更加在意了。所以马灯会的喝彩,是每一户村民都想得到的良好祝愿。加上喝彩人根据这家人的情况和心理,灵活机动编出的彩词,更是符合这家人的心意。通过拜年祝福的过程,自然而然就将全村的氛围带入到割鸡担灯的活动中。

  据说喝彩的习俗也有千年的历史。在宁都县境内,村民的许多活动场合都有喝彩的程序。而这一程序加入到割鸡担灯的活动中,应该是后来的吸收和融合。从以上采集的彩词来看,水平并不是很高,但与其他地方的彩词对比,有自己的特点。那就是在对仗排列上,有一处参差,却又有内部的押韵,读起来很符合当地人的语言习性。

  第二,这是马灯会筹集公用经费、保证割鸡担灯活动能够长期存在的经济保障。新丁户要为自己的割鸡担灯活动负担开支。而马灯会的开支,则是要通过拜年、散马粮、收马粮等形式来向全村村民筹集。

  从目前情况来看,以上两点,有互为存在、相得益彰的意义。

2. 马灯会主持开会

正月初九的会议可以说是割鸡担灯前的一次最重要的关于活动组织的会议。

新中国成立前，主持割鸡担灯活动的，是族长和村子里德高望重的人，或者说，是村子里有钱有势的人。新中国成立后到现在，活动由马灯会主持（"文化大革命"期间马灯会停止活动）。在采访过程中，马灯会的人员说，他们对外的表述，一般都说自己只是"做中人的"，割鸡担灯中马灯会的做法，是由大家讨论而定，自己只是做一个见证的中间人，并没有作出决定的权力。其实，通过观察得知，这是一种谦虚低调的说法，马灯会在村民中的威望还是很高的。

每年到了正月初九，马灯会要组织全村生了儿子的人家——新丁户（也有人叫红丁户、添丁户），到马灯会来开一个会。这个会的主要内容有：

第一，说清楚关于割鸡担灯时的所有事项。包括：

一是修路的问题。为了割鸡担灯能顺利进行，在割鸡、担灯所走的路线上，有些被雨水冲坏了的道路进行修理，要出多少工、不出工的折成多少工钱、每家人出多少钱等说清楚。

二是派饭的问题。请来的戏班子的伙食都是村里解决，主要是采用派饭，就是分派到各新丁户家里吃饭。有时外来的其他客人也会派到新丁户家吃饭，如近年来不断前来的记者、摄影人员、其他民俗爱好者等。马灯会如果发现到了吃饭时分有些客人的吃饭问题没解决，便会将他们派到新丁户家里吃饭。听先辈人说，在新中国成立前，只要在割鸡担灯的时候来到村子里的人，饭食和住宿都会得到安排（过去来的外地人也较少）。

三是游灯的线路、出灯的时间和信号、打爆竹的时间和信号、割鸡的时间和信号等问题及应注意的事项。

以上事项，虽然年年完全一样，但是，一定要在会上详细说清楚。

第二，将以上内容用文字固定成协议，每一个新丁户都要和马灯会签订一个协议。据老人们说，虽然说是协议，但其实是马灯会作主的。当然，因为马灯会办事一贯公道，所以从来也没人反对过。这种协议是近十年才开始有的，主要是为了预防活动中出现纠纷的一种做法。

第三，抓阄，定割鸡和担灯时的先后次序。为了使割鸡担灯有序地进行，村民采用抓阄的方式，规定好割鸡和担灯的队伍排序。做阄时，做好的阄放入一个古老的签筒内，抽签时，抽签人须用一双筷子将阄夹出来。夹出来后，打开阄当众看过，并当众登记。这样做，就非常清楚明白，从而做到公开、公正。

古老的签筒和次序登记簿（黎传综摄）

过去村里的人对割鸡有一种说法：在割鸡的过程中，谁能抢在第一个进入汉帝庙割鸡，那么，这个新生儿在将来的人生路上，都会事事比人家领先一步。基于这样的说法，为了争抢割鸡时的第一，过去村民间经常发生争斗，有时还有伤人的情况。如民国时期，一个叫李振佩的村民，当时驻扎在宁都，是国民党江西省豫章山区绥靖司令长官黄镇中的秘书。他仗着黄镇中的势力，为了争第一个割鸡，就大闹了一场，还伤了不少人。新中国成立以后割鸡担灯的程序虽然有了一些调整，但还是发生过类似的事情，不过没有闹大而已。据彭月生老人回忆，真正完全按照抓阄来安排割鸡的顺序，已经是20世纪80年代以后的事了。到了2014年，割鸡活动的程序又有更进一步的改进，即每个割鸡户都发一个牌子，轮到割鸡时，举着牌子进场，就如同体育比赛一样。

从以上情况看，割鸡担灯在组织上，已经有了较为完善的程序和办法，这和近二十年来活动开展得越来越好有直接的关系。

抓阄后，当场登记割鸡担灯时的先后顺序（黎传综摄）

3. 亲戚朋友道贺日

所谓亲戚道贺，就是前一年生了儿子的，要参与割鸡担灯的人家的亲戚、朋友，向这户人家送贺礼，对这家人表示祝贺，祝贺这家人添丁大喜。这一活动包涵着两大项内容。

外公外婆送礼

前一年女儿生了儿子，做外公外婆的，不管是头一胎还是后面的多少胎，在正月十三日这天早上，都要给女儿家送礼道贺。

如今所送的礼品如下：

雇请一班鼓乐队，为女儿家在割鸡担灯时伴奏（当今一般为一面鼓、一面中锣、一面沙锣、一对钗、两把或一把唢呐，价钱在700元左右）；一封100元左右的大爆竹；两只大雄鸡（割鸡时用）；四斤面条；果饼两斤；香烟一条。

以上礼品总的花费在一千元左右（新中国成立前送的礼，除面条换成粉干外，其他东西基本一样）。近年来，送礼的项目里面有了现金，

外公外婆送的锣鼓乐队也同时到场（黎传综摄）

数额视外公外婆家的经济条件而定，因此差别很大。如这一两年的新丁户里，有一个外公外婆送礼的数额显示是 6800 元。当然，这只是一个刷新记录的个案。

其他亲戚朋友送礼

从正月初九到十三，都可以送礼。

如今所送的礼品有：20 元左右的爆竹一封；视关系而定，送果饼两到四斤；视关系而定，送面条两到四斤。

送贺礼过程中，朋友和一般的亲戚将东西送到割鸡担灯户就行了。但是外公外婆送礼，则要带上乐队，一路吹吹打打，充满喜庆地将东西送到女儿家中。

只要某家有很多鞭炮放在外面，大家就知道这家去年添丁了。图为新丁户家中收到大量爆竹和其他各种礼物（黎传综摄）

4. 收马粮、采茶戏开演

收马粮

正月十三这一天,一是收马粮的日子,二是马灯会请来的演采茶戏的戏班子会在上午到达。于是,在收马粮时,请戏班子的两把唢呐,前往伴奏。因为马灯会没有唢呐,拜年的唢呐是顾请来的。戏班子来了,则借用戏班子的,这也是和戏班子约定好的。这样做只是为了省经费而已,没有其他含义。

所谓收马粮,其实是在年初一散马粮的基础上,对新丁户的一种回访形式。在收马粮过程中,龙灯队不参加,只有五只马灯参加。回访的对象则只限于新丁户。在回访过程中,其仪式和大年初一的拜年、散马粮是基本一样的,都要打八仙、喝彩,只是彩词会有所改动,这主要是看喝彩人的灵活变化。所收的马粮,其实是新丁户的红包,数额一般是一百元以上,依新丁户的意思而定。

从这个程序的内涵来看,更多是为马灯会进一步筹集经费的一个过程。而对于马灯会的收支情况,据说村里人是很服气的。一是要支付戏班子的演出经费；二是要支付有时外来的客人，因为可能有临时没有派到饭的伙食。三是还有大量杂七杂八的支出。并且，马灯会对每年的收支情况还会进行详细公布。

采茶戏的演出

从一般角度来看，采茶戏班，只是请来为割鸡担灯活动增添喜庆、热闹气氛的娱乐项目。但是，在割鸡担灯活动中，戏班子每场演出前的一个必需仪式，则紧紧地和割鸡担灯联系在一起。这就是：戏班子为新丁户打八仙。

戏班子打八仙，主要是由戏班子的八个演员，穿着戏装，扮演传统戏剧《八仙过海》中的八个仙人。而新丁户则是在每场正式演出前，上台在"仙人"的面前跪拜，接受"八仙"对自己的良好祝词。其祝词和先前马灯会的祝词有相通之处，只是戏班子打八仙的内容却要多很多，其祝词也更加规范，程序更加清楚。八个"仙人"的台词配合着为新丁户祝福，而且腔调非常好听（戏剧化了）。对戏班子的打八仙，村里人是非常看重的。

戏班子现在只演三天戏（听说新中国成立前有演半个月的），每天下午和夜间各演一场，这样一共只有六场戏。那么，马灯会就要根据人数的多少，安排好每一场演出打八仙的新丁户。每一次只能上一户人家，一户人家有三分钟左右。在三天时间里，所有的新丁户都必须要轮上打八仙。

对于戏班子打八仙的解读，许多地方一般认为，这是戏班为展示实力、吸引观众和顾主的一个最为精彩的开场戏。但是在客家人聚居的一些地方，这同样也是戏班用来祝福观众的一个过程。而且，宁都

采茶戏班（江春生摄）

当地农村观众对打八仙的普遍理解，都认为是戏班对观众的祝福过程。然而，在割鸡担灯活动中，戏班的打八仙，则更是很集中地被理解为是给新丁户的祝福。显然，对于戏班而言，这只需根据一个地方的实际需求，临时变通，以适应当地人心理需求而编演出来一段演出内容。对于石上村的人来说，只要提到打八仙，就理解为祝福新丁户的过程。于是，采茶戏班的演出，便成为了割鸡担灯过程中不可缺少的一个组成部分。

5. 清源祖师堂割鸡

从正月十四日凌晨起,割鸡祭祀活动便已经启动。第一个割鸡的地点是在村子里的清源祖师堂。据了解,这一新增的割鸡地点开始于2000年。对于割鸡担灯习俗这一新的变化,以前对割鸡担灯有一定了解的外来人,都感到非常惊奇。

而通过对村民的调查,可以得知,新近村子里的人对清源祖师的崇敬是发自内心的。他们认为,清源祖师对保佑村子里的人是真有作用的。对此,他们举出了大量的例子来说明。如某人朝拜了清源祖师,孩子就考到了名牌大学;某人朝拜了清源祖师,家中的六畜就饲养得肥壮;某人给清源祖师许愿,结果就做成大生意发了财;等等。

基于村子里形成的这样一种信仰氛围,新丁户在正式祭拜汉帝庙之前,就会前往清源祖师堂进行割鸡祭拜。而村里人的解释是:由于第二天(其实是当天天亮后)下午去汉帝庙割鸡时要用到一只熟的大雄鸡做祭品,鸡血不用来祭神也就浪费了,而清源祖师在村子里又是受大家欢迎的神,为什么不提前去祭拜呢?

可以明显看到,这只是村里人对外来人对这一习俗的变化感到惊奇的一种搪塞的解释,有掩饰的意味。其实,村里人近十来年,对清源祖师确实有了特别的感情,而这种感情是基于"清源祖师有灵验"的缘故。

对清源祖师的祭拜是在凌晨(晚十二点钟以过)以后,新丁户各自先后前往。最初的时候,只是有些人会去祭拜,而有些人则不会去,但现在基本上全都会去。因为对清源祖师的笃信,祭拜时,没有人在清源祖师面前争先恐后或是造次。加之在清源祖师堂祭拜,还没有形成先祭拜或后祭拜会有不同后果的特别说法,所以,在祭拜过程中,村民都非常自觉地以先来后到为次序。

祭拜清源祖师的仪式非常简单,就是点烛焚香,然后割鸡,拜上三拜便离开。在祭祀形式上,虽然因这是一个刚刚形成的习俗而略显单薄,但信徒们的态度却也是非常真诚的。

通过资料显示,传说中的清源祖师只是梨园弟子的祖师,是个戏神,其他许多地方的庙宇中并没有他的位置。但是,在宁都这个客家人聚居的地区,许多庙宇中都有他的一块方寸之地。往往是许多大佛像旁边的一个角落里,有一尊小像便是清源祖师。不过,宁都人在祈求诸神相佑的时候,也很少想到清源祖师。但是,在石上村的诸神中,清源祖师却有较高的地位。在宁都境内,除梨园弟子给他设有专门的祖师堂外,就数石上村人对他最敬了。他在这里曾经有专门的祖师堂,据说面积还不小,看上去并不比汉帝庙差。村里的老人说,村子里的清源祖师堂建于清朝中后期。现在祖师堂倒了,清源祖师神像被暂时移到老倌庙与老倌菩萨共处,但香火却从来不少。村里马灯会的人说,一旦经费允许,还将重建清源祖师堂。

石上村敬拜清源祖师,应该和马灯会在割鸡担灯活动中的作用与地位有重要关系。通过资料及宁都许多地方的人口口相传的"传说马灯是从湖南、宜黄来的戏班子那里传过来的"来看，这种推测应该是有根据的。因为宁都其他一些敬拜清源祖师的人，同样是与马灯有关的群体。从梨园传承过来的马灯，占据了石上村割鸡担灯的住持地位，其对清源祖师的格外尊敬，也就好理解了。所以，石上村拜清源祖师，马灯会的崇拜导向显然是起了重要作用的。

通过对割鸡习俗中这种演变的观察，我们会发现，任何一项习俗的产生，最初都是因为人的某种需要（或心境）得到迎合，加上较为有力的引导，在渐进之中，有较多人建立认同感。之后，这种习俗一旦形成，就会以一种特定的思维模式和重复出现的行为模式而存在并最终在民众的心中产生一种强大的认同感。从此，使生于这里、长于这里的民众割鸡担灯活动，有意无意地自觉整合，形成被具有共同心理的民众所接受的民俗惯性。

6. 廻龙寺集体还愿朝拜

廻龙寺是明朝时期的李姓族人建起来的一座佛寺。"文化大革命"前，廻龙寺是石上村众多庙宇中保存得较好的一座。然而，在"文化大革命"时，这座佛寺被捣毁，祭祀活动被迫停止，直到1999年寺庙才得以重建。而恢复对廻龙寺的朝拜，则在重建一年之后的2000年。

廻龙寺
（钟小春摄）

正月十四日上午九时起，新丁户便带着自己的拜佛队伍来到村子里的十字街口集合，等待着进行队伍排列，准备集体前往拜佛。每个新丁户的拜佛队伍基本上要包括乐队、端蜡烛架子的、拿香烛的、带还愿物品（食油钱物）的、驮着一串大爆竹的等。

排在最前面的是龙灯，其后是所有端着蜡烛架子的割鸡户，再其后便是马灯。十时一到，随着一声神铳响起，拜佛队伍便浩浩荡荡地朝廻龙寺而去。到了廻龙寺门口，队伍停下。所有割鸡户的爆竹靠放在庙外的墙壁上，三声神铳响过，所有的爆竹全部燃放。端蜡烛架子的人按照顺序，依次进到庙中，一一进行参拜佛祖。同时，送上还愿的钱物。当所有的割鸡户都参拜过佛祖后，队伍原路返回。

正月十四日上午九时，集合前往廻龙寺朝拜（钟小春摄）

朝拜队伍浩浩荡荡朝廻龙寺而去（聂乐成摄）

　　过去割鸡户在还愿时，主要是以稻谷、食用油为主。但现在主要是钱，也有些人送食用油的。据村里人说，直到"文化大革命"前，廻龙寺的香火一直都很旺。不过，现在只是算"可以"。廻龙寺之所以能够维持的原因，主要是其中的菩萨也确实很灵，许多人的求告都灵验。现在许多做生意的人，或是求生儿子的人，都会去廻龙寺祈福，他们的愿望也有不少得以实现。所以在平时，来寺中还愿的人还是有不少的。寺中和尚现在的生活，除了依靠平时有人施舍、还愿的钱物之外，还自己种青菜。每年正月十四日割鸡时，新丁户集体朝拜廻龙寺时会有集中还愿的钱。近年来的钱比较多，一户割鸡户少的送一百元，多的有五六百元不等。现在寺中的收支，维持得较平稳。

据村中老人回忆父辈们的教导时说，石上村在明清时期的各种庙宇有数十座之多。到后来，因为历史的原因，大都已经败落。而廻龙寺则是近年石上村村民恢复重建而又保持得最好的一座。

廻龙寺的重建和稳定维持，毫无疑问，和村子里以李氏家族为主的割鸡担灯活动是分不开的。

四 割鸡担灯活动的全过程

1. 割鸡活动

按照传统的程序，正月十四日下午的割鸡才称为割鸡。而前面所述的在清源祖师堂进行的割鸡，则是近些年村民刚刚兴起的行为，只是近些年，村民因为对清源祖师有了特别的信仰而产生的行为。这一新的行为没有历史的沿习，其形式、内容及在集体意志的体现方面都是很单薄的，其中都还带有较多随意性。所以，我们说，正月十四日下午在汉帝庙进行的割鸡，才是真正意义上的割鸡，才是整个活动最重要的环节之一。

正月十四日上午，割鸡户全家都会非常忙碌，要为下午的割鸡做好充分的准备。如把爆竹缠在竹篙上、准备好割鸡的祭品等。

新丁户准备参加割鸡的祭品（黎传综摄）

到了这天下午四时左右,在镇子西北方向的老街上,会响起第一声神铳。这是各个割鸡户队伍从家里前往自己所属分祠集合的信号。这个时候,割鸡户在自己家中早已准备好了割鸡所需的物品。听到信号后,各个割鸡户按照割鸡程序中规定的顺序排好队。

走在最前面的是两个强壮的男人,他们扛着一串密扎扎卷在竹篙上足有一丈八尺长的爆竹;走在第二位的是右手举着一只大红公鸡的男子。在他的两边走着另外三个拿祭品的人。其中一人提着一个竹篮,里面有三个碗:一个碗装着一只煮熟的全鸡,一个碗装着一块方方正正的猪肉,一个碗装着一块方方正正的豆腐。一人提着里面装着小香

两男人扛着一串长长的爆竹前往祠堂准备祭祖(黎传综摄)

竹的竹篮。第三人也提着竹篮,里面装着三杯茶、三杯酒。走在第三位的是一个端着蜡烛架子的男人。蜡烛架子上插着六根蜡烛(这六根蜡烛是第二天担灯时插在世灯灯笼里的),这六根蜡烛用细细的红绳子扎在架子上,每根蜡烛的顶部缠了一段用油煮过的纸枚子,以便在割鸡仪式时点燃。走在第四位的是两个扛着一串和前面一样长爆竹的男人。这串爆竹是到了分祠后祭祀时点燃的。走在最后的是由鼓、中锣、沙锣、钹、唢呐组成的伴奏乐队。

这里,对于端蜡烛架子的人还要作一个专门的说明。帮助割鸡户端蜡烛架子的人,不能是一般的人,大体上都是请德高望重、有钱有势(或成功人士)的亲戚或朋友来做。没有出息的人是不会被人请去端蜡烛架子的。因为割鸡担灯户期望自己这个出生的小孩,能像这个端蜡烛架子的人一样,有钱有势、兴旺发达。所以,这些被亲戚(或朋友)请去端蜡烛架子的人也很享受这种受人尊敬的感觉。当然,一

蜡烛架子是割鸡活动中最为重要的物品(黎传综摄)

般地说，只有亲戚或很要好的朋友邀请，他们才会去帮这个忙。在端蜡烛架子的两边，还走着两个强壮的男人，这两个人便是负责护蜡烛架子的。因为在后面的游蜡烛架子的程序中，有两到三小时的活动。如果端蜡烛架子的累了，蜡烛架子就由这两个男人抬着走，端蜡烛架子的只要跟着走就行了。这样做，既能让自己的孩子沾上"贵人"的"贵"气，又能保证这个"贵人"尊贵的面子，以及不能累着这个"贵人"。同时，也是要完全保证蜡烛架子在仪式完成前不着地（汉帝庙割鸡祭祀、分祠和六房祠祭拜时除外）。

当一切准备好之后，主人点着走在最前面的那串爆竹，乐队奏起欢快的曲子。举鸡的男人紧紧抓着捆紧了双脚的公鸡，把它高高举过头顶，其表情与雄鸡浑然一体，显出雄纠纠、气昂昂的样子。这样做或许是形式上的规定，但更多的是要充分展示自己家庭高昂的精神面貌，或者是表现自己家庭的综合实力。其表露的神情气势中，有要超过他人的意味。

割鸡队伍向割鸡户所属的分祠进发。一路上，爆竹轰鸣，吹吹打打，好不喜庆。爆竹要从家中一直响到分祠，中间绝对不能停止，所以在买爆竹时长度是算好的，只会多不会少。村子里像这样的割鸡队伍数量的多少，就要看前一年村子中出生男孩的多少。一个男孩出生就一定有一支这样的割鸡队伍。每当到了这个时候，村子里爆竹、唢呐锣鼓声响成一片，热闹非凡。近的割鸡户，几分钟就能到分祠，远的就要十来分钟才能到分祠。

在分祠堂中，放着的是众多先祖的牌位。到分祠之后，他们要祭祖求福。祭祖的过程中，没有先后次序之分，先到的先祭，后到的后祭，不会有争执。一是因为祭祖中没有需要争先后的说法；二是同属一个祠堂，大家几乎都是至亲，都能恭谦相让；三是一个分祠里割鸡担灯

把公鸡举得高过他人（钟小春摄）

的人也不多。

祭祖的仪式是：在神台的前面，先点着小香烛。再在神台前从前到后，第一行摆开三杯酒，第二行摆开三杯茶，最后面一排摆开，依次为：左边是猪肉，中间是全鸡，右边是豆腐。祭祖时，双掌合拢，微闭着眼睛，心中默念，请祖宗保佑自己家中人财两盛，然后三拜。拜过祖宗，放一串爆竹，祭祖的程序便结束了，接下来在分祠堂中等着。

在割鸡担灯过程中的祭祖仪式相对简单，也没有集中举行。究其原因，应该是在接下来的割鸡过程中，按照以前旧的程序，会是一个紧张竞争的过程。村民对割鸡担灯过程中的祭祖情绪有被冲淡、被程序化的迹象。

当六个分祠的割鸡户全部到了各分祠并完成祭祖之后（这段时间一般是算好的，也有马灯会中负责联络工作的专人核查过），就会响

分祠堂祭祖（黎传综摄）

起第二声神铳。这时，各分祠会按照前面抓阄决定的次序，排好队走向老街。

这时，龙灯队和马灯队早已来到老街等候。他们在这场活动中，除了在游灯中"开路""压阵"及进行表演外，还要负责次序排列的指导和秩序的维护。

当整个割鸡队伍排列好之后，马灯会打响第三响神铳。这时，锣鼓唢呐奏出欢快震撼的节奏。走在最前面的龙灯队，摇头摆尾舞动起来，在前面引路。走在中间的是割鸡户队伍。每一个割鸡户拿鸡的人都把手中的雄鸡举得高高的，雄赳赳，气昂昂，总想超过别人。

在前行的过程中，锣鼓唢呐乐队各奏各的调。走在最后的是马灯队，马灯队中的"马"由五匹组成，这五匹"马"分别代表着五个化身。

当割鸡的队伍来到汉帝庙前面的大道之后，队伍就会停下来，排

从分祠堂出发去老街排队,准备去汉帝庙割鸡(钟小春摄)

在龙灯的引领下，割鸡队伍往汉帝庙行进（钟小春摄）

在割鸡活动中，每个人都想把鸡举得高高的超过别人（钟小春摄）

四　割鸡担灯活动的全过程 | 67

汉帝庙前的大道上，等待割鸡的队伍（钟小春摄）

好队，等候割鸡。

割鸡程序如下：

马灯队宣布割鸡开始。随着马灯队打响一声神铳，排在最前面的割鸡户人员，由举雄鸡的带头进庙，放爆竹的跟随其后。割鸡人高举着雄鸡，进到庙中后，在神台木架子的中间点燃三根香，在神台木架子的两边插两根点燃的小红烛。一切做好之后，拿雄鸡的走到神台前，左手拿着雄鸡，右手拿着刀背上贴了红纸的菜刀，在神龛前杀雄鸡。杀鸡只能杀一刀，不管鸡杀死与否；不能将鸡头割下来，否则会不吉利。杀鸡之后，还要将鸡血揩在木架子上。这时，拿爆竹的人则在庙门口,点燃一串长长的大爆竹。割鸡的人拿着割过的鸡直接回到家中,就不再参加下面的程序了。割鸡人将杀死的鸡拿回家中清理好,做成一个全鸡,准备作为第二天担灯时家中的祭品。

旧社会割鸡时,端蜡烛架子的和割鸡的同时进到庙中,一同朝拜。但这样很乱,两人争先恐后会失了和气,而且效率也很低,时间拖得很长。现在,割鸡和摆供品祭祀改为分开进行。当所有

割鸡人听到神铳号令,将鸡举过头顶向汉帝庙走去(石伟雄摄)

人按照抓阄顺序先后割完鸡之后,端蜡烛架子的和拿供品的,同样按照抓阄的先后,两户两户一同进庙,端着蜡烛架子,摆好供品进行祭祀朝拜。

其祭祀程序如下:

端供品的人走到神位前摆好供品。供品的摆放顺序和分祠是基本一致的:最前端一字排开是三杯酒;第二行是三杯茶;第三行,右边是猪肉,中间是一只做熟的全鸡,左边是豆腐。当这些摆定之后,端蜡烛架子的人迅速到神龛前,放下蜡烛架子,点燃蜡烛架子上六根蜡烛顶上的纸枚子,到汉帝神位前拜三拜,立即端着蜡烛架子转身,面朝庙门外面,吹灭纸枚子上的火,端着蜡烛架子直走出庙门。拿供品的则收起供品,跟在后面。他们走到汉帝庙后面的大路上,按照原来的次序排队,等候排在他们后面的人完成仪式,之后一同游行。

在汉帝庙祭拜时,有一个细节容易引起注意,就是:点燃蜡烛架

拿祭品的在排队等着进汉帝庙祭祀（钟小春摄）

子上蜡烛顶端的纸枚子，拜完三拜后，便迅速转身将纸枚子上的火吹灭，面朝庙门外径直离开。这里面的含义是：既要点着蜡烛进行祭拜，又要保证蜡烛不被烧着。因为按照传统，蜡烛架子上的六根蜡烛是要在第二天（十五日）担灯时插在世灯中用的。所以，不仅不能将蜡烛真正点燃烧掉，还要很好地保证蜡烛的完整性。因此，只有蜡烛顶端安上浸过油的纸枚子，才能保证祭拜时能点燃烛火，又不会烧掉蜡烛。然而，因为纸枚子的长度非常有限，一不小心便会烧到蜡烛，所以，在祭拜过程中，为了保证蜡烛不被烧到，便不得不迅速拜完三下，后又不得不迅速吹灭。至于转身面朝庙门外吹灭蜡烛，并迅速离去，则可以理解为：为了躲避菩萨的视线，不让菩萨看见吹灭蜡烛火的过程。

显然，这个程序的设计是有欠缺的。观察发现，村民们在这个祭拜过程中，一连串的动作匆忙而紧张，离开汉帝庙时，都是怀着不安和内疚的。

当全体割鸡户完成祭拜后，队伍便全部在汉帝庙后面的大路上排开。仪式进入下一个程序：游蜡烛架子。这时，龙灯队已经排在了割鸡队伍的前面，其后面是依照先前抓阄定好排列顺序的割鸡户端蜡烛架子队伍，而马灯队则跟在队伍的最后面。

游蜡烛架子的路线是从佘公庙到六房祠。当队伍游到佘公庙时，每一个割鸡户队伍都会在庙中摆上供品，点燃香烛，全体人员拜上一拜。当队伍行到村中李氏的总祠——六房祠时，每个割鸡户会点响第三串爆竹，然后进六房祠祭祖。

进六房祠朝拜要从左门进。当割鸡户来到六房祠的神龛前时，都

游蜡烛架子（钟小春摄）

要再次点燃蜡烛架子上那六根蜡烛顶端的纸枚子，拜三拜，迅速吹灭纸枚子上的火，拿上自己的东西从右边大门出去。

当全体割鸡户都完成了对六房祠的祭拜之后，游蜡烛架子的仪式继续进行，其行进路线是：南街——十字街——文化宫——镇政府（意为给政府拜年）——东街——北街——回到十字街——回到老街——老倌庙（即清源祖师堂。原来有专门的清源祖师堂，后来倒了，就将清源祖师神位移到了老倌庙。村里人说，清源祖师是暂时客居在这里的）。各个割鸡户依次在老倌菩萨和清源祖师神位前摆上供品，拜上三拜，然后各自回到自己的分祠。

从分祠出来之后，各割鸡户在自己家锣鼓唢呐队伍的伴奏下，和端着蜡烛架子的人、两边护蜡烛架子的人及拿供品的人一起，开始给亲朋好友拜年、致谢，即到每一户为自己家中割鸡担灯送礼的亲朋好友门口，拜上三拜。一拜是为给自己割鸡担灯送的贺礼表示感谢；二拜是给他们拜年；三拜是祝愿他们家新的一年也能割鸡担灯（也能生

每家参加完割鸡仪式后，割鸡队伍再集中排队，跟着龙灯队绕村前往李氏总祠堂——李氏家庙（黎传综摄）

儿子的意思)。而亲朋好友家早已点好香烛,割鸡户一到便会点燃爆竹,表示迎接。当割鸡户完成对所有送礼的亲朋好友的行礼之后,割鸡户队伍就会在乐队的伴奏下,回到割鸡户自己家中。家中这时早已点好香烛,见他们一到,便点燃爆竹迎接端蜡烛架子的人。端蜡烛架子的人将蜡烛架子放在割鸡户房屋上栋神台脚下的桌子上,等第二天担灯时取下架子上的蜡烛,作世灯中的蜡烛之用。之后,割鸡户的亲朋好友、参加这次割鸡担灯仪式的所有匠人(乐队等),还有远方来的其他客人(如记者等)即席,吃东道(即割鸡户为割鸡所做的酒席)。

2. 担灯活动

担灯，是整个活动的重中之重。除了一些程序性祭拜，大多数内容可以看作是一个"娱神"和"娱人"的过程。所谓的"娱神"是请神观灯、看戏，"娱人"是全村人同庆同乐。

正月十五日下午，是割鸡担灯祭祀活动的后半部分——担灯。整个上午，前一天经过割鸡的人家，都会为即将到来的担灯活动做好准备。将前一天插在蜡烛架子上的六根蜡烛拿下，插入世灯的灯座子里，并点燃，试试蜡烛的好坏，以保证下午担灯仪式过程中烛火不灭。不过，试一小会儿就需立即吹灭蜡烛。

同时，将大量的爆竹用竹篙卷好，准备下午担灯。

到了下午16时，第一声神铳响过后，各个担灯户的队伍开始出发，前往自己所属的分祠。出发前，担灯队伍在自己家门前排好队，其队伍排列的次序是：排在第一的是，一个人驮着或是两个人扛着（看人手是否足够）的一串用竹篙卷着的密密的爆竹，这串爆竹要能从自己家门口一直响到分祠堂中。排在第二的是担世灯。这担世灯中有六个灯笼，其中每一个灯笼代表一个儿子。在担世灯的两边还有两

正月十五日上午,担灯户将前一天蜡烛架子上的蜡烛插入世灯中,并测试蜡烛的好坏(黎传综摄)

个10~14岁的小男孩,手中各拿着一盏小灯笼。这两个小灯笼代表两个女儿。排在第三的,是驮爆竹的,人数的多少要看亲戚送的爆竹多少,一串爆竹最少就是一个人驮,或是两个人扛;走在最后的,是锣鼓唢呐组成的伴奏乐队。

出发时,主人点燃排在最前面的那串爆竹,乐队奏响欢快的曲子,担灯队伍则在吹吹打打、噼噼啪啪声中去往分祠。

到了分祠后,担灯户进到祠堂中,按照先后次序,将灯整整齐齐地排放好,进行等候。这个时候,许多世灯排放在一起,显得非常壮观、耀眼。

担灯户将大量的爆竹用竹篙卷好（黎传综摄）

那些驮爆竹的人，则将爆竹靠在分祠的墙壁上，在祠堂外等候着下一个程序的开始。当该分祠所有担灯户都到了之后，我们可以看见，在分祠外墙上，已经摆放满了无数根卷满爆竹的竹篙，而四周则站满了准备燃放爆竹的人。

第二声神铳响起，这是担灯户燃放爆竹的信号。各担灯户队伍中驮爆竹的人，点燃自己驮来的第一串靠在分祠外墙上的爆竹。这时万爆齐鸣，硝烟弥漫，只见整个小镇上空飘荡着爆竹炸开的纸屑和腾腾上升的烟雾，到处都弥漫着爆竹的气味。时间稍一长，每个人就感觉耳边响着的，只有大雨一般的"哗哗"声。人们之间的交流也只能用手势来进行。割鸡户队伍中每个人脸上的表情都显出庄严的样子。上百个记者和摄影人（有时有两三百人），分别在六个分祠的人群中钻来钻去进行拍照、摄像。他们积极地抓拍着每一个他们认为珍贵或是美好的镜头。许多外地来的观光者，为了躲避烟尘，站在稍远些地方的高处，用惊叹的表情观看这从未见过的万爆齐鸣的震撼场景。

一户的担灯队伍在去往分祠堂的路上（黎传综摄）

排列整齐的世灯与举小灯的孩子们（钟小春摄）

四 割鸡担灯活动的全过程

担灯户将爆竹靠放在祠堂墙壁上（黎传综摄）

祠堂的四周都在燃放爆竹（钟小春摄）

割鸡户负责点燃爆竹的人,在第一串爆竹响完后,点燃第二串,以此类推。爆竹的燃放大概会有一个小时左右。

爆竹在客家人传统的生活中,有着很广泛的内涵。大年三十晚12点,燃放辞旧迎新的除夕爆竹;敬神时燃放请神爆竹;开业时燃放开门爆竹。其实,爆竹在所有中国人的精神生活中都有着丰富多彩的内容表达。然而,我们前面叙述的担灯程序中燃放的爆竹,所要表达的含义有一些不同的说法。有很多外地来的记者或是文人普遍将其叫作"添丁爆"。因为这种放"添丁爆"的民俗,在其他地方也曾有过。当然,村里人对其表述的语音,同样是"添丁爆"。但其含义则稍有不同,村里人所说的意思是"添灯爆"。因为世灯中的六盏大灯代表的是六个男孩,而割鸡担灯活动是为庆祝生了男孩而进行的。那么,其要表达的意义就更加集中。只是在村里人的语音表达中,"灯"字的读音和"丁"字是完全一样的。外界人一听村里人的表述,便把这里的"添灯爆"和其他地方的"添丁爆"联系起来。其实,如果仔细分析,它们之间的区别还是不小的。

放完爆竹的担灯户,会点燃六个世灯中的蜡烛,然后担着灯来到村北口的凉亭外。这时,龙灯队和马灯队早已到达,他们中有专门的人员,引导、督促着担灯户按先前抓阄定下

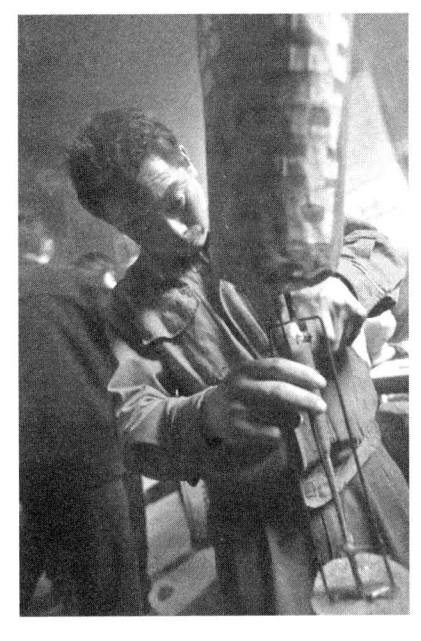

担灯户在点燃六个世灯中的蜡烛(石伟雄摄)

担灯户从分祠堂中出来,前往北村口集中,准备游灯(钟小春摄)

的次序排好队。

龙灯队排在第一,担当着开路的重任。排在其身后的是担灯队伍,依然是按照前一天割鸡时所排的次序。最后是马灯队,依然担负着压阵、维持秩序、了解进度的责任。当所有担灯户都到达后,第三声神铳响起,担灯开始。

走在最前面的是三管神铳。他们会比整个担灯队伍的前进速度快许多,他们领先担灯队伍是为了有时间准备从而按时打响神铳。这三管神铳有开路和迎接担灯队伍的责任。

而在担灯队伍中,真正首先动起来的,自然是排在第一位的龙灯。龙灯在一组大阵势锣鼓唢呐组成的乐队伴奏引领下,蜿蜒起伏地前行着。唢呐吹奏的是欢快的《打马进城》。而龙灯则是在伴奏下一边走,

激越的《打马进城》曲引领灯队前行（钟小春摄）

一边进行着各种动作表演，其动作与我们在影视作品中见到的龙灯表演有很大不同。有些动作设计能够表现出当地人诙谐可爱的味道。比如龙头与龙身的扭动，能够让人感受到，这是一条活生生的、与人逗趣而又充满智慧的老龙。当到达一个宽阔场所时，队伍会停下来，进行大动作的舞龙表演。这些表演动作，与其他的舞龙表演有很多相同之处，有借鉴其他舞龙表演的痕迹。舞龙动作虽然做得不是很成功，但让人看了不觉反感反倒觉得好玩。舞龙表演的动作名称据说是村子里传统的，主要有：沙打滚、桑破格、掏龙尾、操身架、摆龙门、双龙抢珠、金龙盘玉柱等。

跟在龙灯队后面的是所有的担灯户。每户的世灯走成一排，担灯走中间，两边是各一盏小灯。负责担灯的人并不是用肩膀担着灯，而是用两手的小臂托在六个世灯中间的扁担上走游。这个时候担灯户的

龙灯引领着灯队前行(石伟雄)

担灯人脸上是庄严而喜庆的表情(聂乐成摄)

队伍中,除一面铜锣相随外,其他乐队(鼓、沙锣、钹、唢呐)和爆竹队伍,则要离开大队伍,顺着近路,提前去到六房祠的外面,等候着自己担灯队的到来。之后,一起进入六房祠参与拜祖。

因为场面的浩大,因为得子的喜悦,因为喜庆的节日,这个时候担灯队伍中的担灯户,每个人脸上的表情都显得神圣而喜悦。面对着众多的摄像、摄影镜头,队伍中的年轻人脸上还会有自豪的神情。

走在担灯户后面的马灯队伍,到了宽阔场地,同龙灯队伍一样,也会根据场地的情况,选择好表演地点,进行洗马表演。据一位八十岁的老人回忆,以前马灯会的表演叫"洗马拆牌"。这种表演分为洗

在一个宽阔地,马灯进行表演(石伟雄摄)

四 割鸡担灯活动的全过程 | 83

马和拆牌两个过程，是一项对武术功底要求非常高的表演。而其中拆牌的过程，无疑是对马灯基本功夫的展示。相传过去马灯会的人中，有许多是当地的武功高手，并带有大量徒弟。每年的割鸡担灯活动，就是他们大展身手的时候。而现在村子里没有这种人才，所以每年活动中只能做洗马这一段表演。下面对洗马的过程作一略述：

每年村子中进行洗马表演的地点，因为场地的关系，大体上是固定的。当灯队到了河沙滩下时，走在前面的龙灯便会停住队伍，进行舞龙表演，马灯队便在这里进行洗马表演，因为这里比较宽阔。当然，这一切是早已设计好的。

在进行洗马表演之前，五匹马要在两个牌灯的引领下，在锣鼓唢呐乐队的伴奏声中，进行走队形表演。在欢快的音乐节奏中，先是五马自行串链子（即队形穿插、位置交换等表演），之后，从就近担灯户之间进行串链子（走"S"形）。其步伐熟练，进出自如。这样各走几个来回之后，便在场地中间让出一个空间。这时，两个排灯拉开距离，站成一条直线，意思是划定一个场地。同时，扮演洗马师的人领头，带着五匹马进场。之后，便进行洗马的仪式和表演。五匹马站在场地东边，扮演洗马师的人出场，洗马程序开始。

行礼和拳术表演

洗马师腰系红彩带出场。在锣鼓声、唢呐声中先向清源祖师（东边方向）行礼，之后转身向观众行礼。这前后两次行礼含义不同：前者敬清源祖师，后者则向观众表示歉意。因为洗马是一项对武术要求很高的活动，而观众中可能会有高手，在高手面前来洗马，有班门弄斧之嫌。行礼意味着如若洗得不好，请不要见笑。这主要是表达一种谦恭。然后，洗马师表演梅花拳、暇公吊鲤鱼拳、串手拳等。

喂马

洗马师端着一个用竹子做的框子，做着把食物送上前、准备要喂马的动作。这时，五只马做出激烈向前要抢食的样子。洗马师一个腾空跳跃后退，紧接着做一个与五马照面的动作，接下来洗马师又一个腾空跳跃回到马的面前，用盛具在烈马头上做一个打的动作。烈马和其他马都退回原位。洗马师傅做将粮食倒入马槽的动作，五匹马做着在马槽中激烈抢食的样子。

洗马

洗马师放出的第一匹马是黑马（烈马）。洗马师刚做一个放马的动作，只见黑马腾空而起，洗马师一个腾空"跌雪"（即洗马师为了躲避烈马而向下倒地。此为武术中的一个腾空前倒），黑马从洗马师身上腾跃而过。被放出的黑马，如脱牢笼，它先绕圆圈奔跑一周，再跑四个对角各一次。洗马师则在后面紧紧追赶，开始在其后追赶，之后对角追抓，四个角各追抓一次（追抓过程中的动作：对峙、照面、腾跃、扑抓）。最后一次，洗马师反手抓住马缰。当洗马师好不容易把马抓住后，即做一个将黑马拴在拴马柱上的动作。随后，洗马师做卸下马鞍动作，双手做端盆子均匀地用水冲洗马头的动作。这样开始洗马动作，即从前面往后冲洗马的全身。用水洗马两次，每次冲完，洗马师便腾空跳跃，反身，与马照面。一匹马要洗两面，动作完全一样，方向相反。之后做梳马毛动作。洗马结束。其余四匹马洗马过程完全相同，但在表演中一般会省略，以洗黑马代表洗马。

赶马归栏和训马

洗完的马在解开缰绳之后,开始奔跑。洗马师"跌雪",马从洗马师身上跃过。洗马师开始追马,通过几个来回,洗马师先后捉到前四匹马,只有黑马最为难抓。在抓黑马时,洗马师要进行对角追抓等动作。最终,洗马师抓住黑马。这时洗马师抓住马缰,面对观众,开始训马。洗马师念训马词:

马中之烈马,
你在天上是马中之王,
下到凡间镇守地方。
一要风调雨顺;
二要国泰民安;
三要添丁进粮;
四要家家买田庄;
五要鹅鸭满池塘;
六要六畜满山岗;
七要家家粮仓满;
八要读书登金榜;
九要好事引进村;
十要坏事走远方。
烈马,烈马。
五马在地方,
男女老少,
大大小小保泰兴旺。

烈马，烈马。

听我马夫弟子交待言语，

句句记心上。

黑马听完训马词，归栏，洗马到此结束。

在整个洗马程序中，马灯队要生动再现生活中洗马的全过程。每一个动作都包含着功夫的动作和舞蹈的美感。其间相配的音乐是《打马进城》等节奏激烈欢快的曲调。在洗马过程中，因为表演者的精彩功夫动作，常常赢得观众的喝彩声和掌声，两者响成一片。一场短时间的表演结束，游灯便继续进行。

整个游灯队伍有三四百人之多，加上随行看热闹的村民、远道而来观灯的客人、记录活动盛况的记者、摄影人员、其他文人，将近千人之多。走在这乡间的小道上，远远看去，真是浩浩荡荡，气势浩大。

担灯队伍的游灯，总体上是围绕村子及部分周围的田地、山岗。其具体线路是：凉亭外——李家段——留石下——沙场下——肚脐岭——蛇坑——红庙前（又叫华光庙）——莲塘口——五股渡——河沙滩下——六房祠。队伍每到一个古迹都要点响一声神铳，队伍中的人员都要双手合掌拜过。

不过，以上各处古迹中有一处很特别，要作特别处理。

担灯队伍走到红庙前的时候，如果看到红庙前的庙门是关上的，就可以顺利地通过。而如果看见庙门是打开的，则说明华光庙也在出灯（刘姓人的一个游灯活动）。灯队只有一直等着，直到华光庙的灯队出去之后庙门关上，此时，担灯的队伍方能继续前行。这是因为华光庙是刘姓人的，而据说刘姓人是李姓人的母舅。当地人对母舅是非常敬重的。当地人有一种说法，"天上的雷公，地上的母舅"，意思是母舅是最大、分量最重的。所以，当外甥的当然要让母舅先行。当然，碰到这种情况的时候非常少。相传在清朝时期就发生过一次这样的事，结果，那一次游灯到深夜一更才结束。

随着灯队的行进，夜幕也渐渐降临。游灯的道路，被红朦朦的灯光照亮。神铳响起时发出的亮光、游灯队伍中放的礼花的光亮、接灯的人们点燃爆竹的闪光，不时地照亮深邃的夜空，似乎在宣示着这里的人有着亘古不变的信念——有人就有世界。

当队伍到了六房祠后，每户担灯户的乐队早已在这里等候。当他们远远地看见自己的顾主担灯过来之后，便打响锣鼓，吹起唢呐，放响爆竹，迎接自己顾主担灯户的到来。紧接着，担灯队伍从六房祠的左边进入六房祠。

到了六房祠后，每一个担灯队伍，都要恭恭敬敬地对着祖先拜三拜，然后从右边的大门出去。在这个仪式中，每个担灯队伍有两分钟左右的时间。这时，龙灯队会在前面将队伍停下来，一直等到所有的队伍从六房祠中出来为止。

从六房祠出来后，担灯队伍所走的线路是：南街——十字街——文化宫——镇政府（给政府拜年）——东街——北街——十字街——老街——老倌庙（同时也兼作清源祖师堂，各担灯户到了这里以后，向清源祖师和老倌菩萨各拜三拜）。

走完固定的路线之后，各担灯户回到自己的分祠，对着祖先牌位拜三下。

然后，各担灯户在自己乐队的伴奏下，开始按照最近的路线，向自己的亲朋好友致谢，即到每一个为自己割鸡担灯送了礼的亲戚朋友的家门口，拜三拜，表示感谢和祝愿。感谢即感谢亲朋好友为自己家割鸡担灯表示了祝贺，祝愿即祝愿亲朋好友家也跟自己一样，能割鸡担灯（即能生儿子）。当担灯户来到亲朋好友家门口时，这家人也早已点着了香烛，等候在那里。一见担灯户过来致谢和祝愿，便燃放爆竹迎接。当所有的亲朋好友都走完了一遍之后，担灯户便将担灯担回自己家中。

担灯队伍到家中时，家中也早已点着了香烛。家人看见自己家的担灯回来，便放响一串大而长的爆竹。担灯人便将担灯放入厅堂神台之下。之后，拿下担灯左右两边的灯，放在生了男孩的这对夫妇的房间里，挂到蚊帐靠外面的两边竹子上，不过，只挂一个晚上。其他四只则送给亲朋好友中的新婚夫妇，让他们挂在新房中的同样位置，祝愿他们下一个新年也能割鸡担灯（即生儿子）。如果这担灯的框子不是自己做的，而是借来的，那么在四个灯中还要拿一个灯送给借出灯框的人挂。这样做的意思是：让自己的亲戚和借灯框给自己的人，都能沾上喜气。当然，这些灯也只挂一个晚上。第二天早上，这些灯便被送回担灯户。

当担灯程序全部完成之后，担灯筵席开始。酒席上有亲朋好友，也有远方来的各种客人，如记者、文人、官员和其他前来观灯的人。

晚上，则是戏班子的最后一夜演出。这天晚上，戏班子往往要演到深夜一两点才结束。

到了第二天中午，如果是借人家灯框的人，要将灯送还给人家，同时，还要送两碗做酒席的菜给借出灯框的人。

至此，割鸡担灯的所有程序全部完成。

综观割鸡担灯的起源、发展及其所有的程式，作为一个自然村里的民俗项目，从形式到内容，已经算得上非常丰满，而且也自然可信。通过在过程中找出欠缺之处，能够发现此活动发展阶段的痕迹，而且脉络非常清晰。例如：蜡烛顶端增加纸枚子供点燃来完成割鸡程序的做法，告诉我们，在这一做法产生之前，只有割鸡的程序，而担灯则是后来发展而来的。油浸纸枚子充当蜡烛点燃的做法，是为割鸡和担灯能够前后相衔接而设计的过程。又如：割鸡和担灯的程序、游蜡烛架子和游灯，除了在路线、参拜对象上稍有增减或改变，基本是一致的。这说明民俗项目程式在演化（进化）过程中，一些内容和程序会反复出现的特点。在活动中，将割鸡与担灯贯穿起来的是蜡烛。蜡烛在中国传统的祭祀中具有非常重要的意义。一般地说，它被理解为是人与神相通的路径。这样，割鸡担灯中，割鸡担灯户对于端蜡烛架子及担灯的人选格外重视，就好理解了。同时，也证实了割鸡与担灯内容前后的一体性。

宁都是一个纯客家的县城，全县许多自然村基本上就一个姓。同一个村子里一个姓的村民也几乎都是来自同一个祖宗。而这个祖宗大多数都是单独来自中原。这些外地来的客家人，最初都带来了故乡的一些习俗。为了适应当地的环境，或是基于当时客居他乡的心理状态，这些客家人在居住的区域便渐渐地产生和形成了独特的生产和生活习俗。虽然，这些客家人的习俗，在长期的历史过程中也会有所融合，但却从来没有哪个客家群体会完全失去自己单独的文化表现形式。这样，宁都的民间习俗（文化）就显得非常丰富了。

例如，在语言上，语音的区别是最明显的。县城以南和县城以北，语音的差别非常大，县城南面的很多人根本听不懂北边的人说话。相互间语言的内涵有很多地方存在重大的差别，一个乡镇与相邻的另一个乡镇的语音及语言同样有区别。同一个乡镇中，南边和北边村的语音也存在区别。再如，在红白喜事和各种祭祀的仪式上，不同乡镇同样存在差别。这种差别在南面和北面的对比方面更大。各种文化的差别恰是当地文化多样性的表现，但在这些各不相同的文化习俗中，会有一些共有的东西，这就是客家文化研究中要概括的内容。而繁衍和自我强大的强烈愿望，正是客家人共有的东西。

割鸡担灯，是宁都客家人习俗传承中最有代表性的项目。其项目体现的正是：氏族通过村人对割鸡担灯起源口口相传的自然、明晰的表达，能看到割鸡担灯起源的历史和文化对村民的浸润程度；通过观察割鸡担灯的全过程，能清晰地看出此活动产生和发展的过程，及每一个过程中都显露出的客家人的文化和思想演变、形成的过程。因此，在某种程度上，可以把割鸡担灯习俗看成是当地客家文化起源和发展的一个缩影，对于客家历史和民俗文化的研究有比较重要的学术意义。

五 与割鸡担灯活动有关的逸闻趣事

1. 没有菩萨的汉帝庙

在观看割鸡担灯活动时，看到割鸡一段，你会发现，在这场轰轰烈烈的祭祀活动中，其中心点——汉帝庙里面是没有菩萨的。汉帝庙里面布置得非常简单，在原来菩萨下方的位置，只有一个大的插蜡烛的架子。村民在祭拜汉帝时，似乎是在拜蜡烛架子，而且表情是那样庄严、诚心而执著。这就让人感到非常惊异。问村里人缘由，没有人会正面回答你这个问题，更多人是神秘微笑不答。最终，我在一个正规的采访座谈会上，马灯会的理事表情庄严而含蓄地告诉了我一个大跌眼镜的故事。

相传，这个汉帝庙自从李长贯给汉帝塑金身以来，中间虽多次被破坏，但都被李氏子孙重新建起，菩萨也被塑起。大概是到了清朝末年或是民国初期，因为一个村人在朝拜过程中，出了一个偶然事件，便引出了两个胆大妄为的人。从此，这个汉帝庙便再也没有菩萨了。

话说在当时的村子里，有一户李姓人家，家中有兄弟三人。老大为人忠厚，但身体较弱；老二、老三身体强壮，但性格鲁莽。因为父母早早地亡故，老大便担当了家中父母的角色。兄弟三个相依为命，

没有菩萨的汉帝庙（钟小春摄）

两个弟弟在哥哥的扶持下，慢慢地长大成人。而老大则因为照顾两个弟弟，到了近三十才娶亲。

成亲后，老大一直盼望着自己能早些生儿子，然后跟村里的许多新婚夫妇一样，能够风风光光割鸡担灯。但是，娶亲后一晃过了三年，竟然毫无动静。这让老大两口子非常着急，在村子里也渐渐地有些抬不起头来。夫妻俩每日白天闷着头做事，到了夜间，便总是忧心忡忡、唉声叹气。两个弟弟则是在一旁干着急。

于是老大心里暗暗作出决定，要选一个日子，到汉帝庙去求子。因为村民一般都是在割鸡的时候，跟在割鸡户后面，进到庙中拜神求子，很少有人平时专门进庙求子，但老大实在是等不得了。于是，老大悄悄地买来一只大雄鸡，做了供品，在一个夜深人静的时候，瞒着妻子和两个弟弟，自己单独进了庙。

进庙之后，光线很暗，老大跪在菩萨面前，开始点蜡烛和香。他一连点了二次竟然没将蜡烛点着。到了第三次，蜡烛终于点上了，不知为什么，头上刮过一阵冷风，蜡烛火竟被吹灭。老大的心里有点慌。好不容易，最终把蜡烛重新点着，然后点燃香，摆开供品，合掌胸前开始拜了起来。他嘴里念念有词，却不时用眼睛去瞟那神台上的菩萨。相传，当时庙里的神像塑得非常生动，不过面目有些狰狞。平日在白天，孩子们和一些胆小的人都不敢进庙里，到了夜间，汉帝庙的周围更是静得很。这时，蜡烛的火光在风中摇曳，菩萨似乎动了起来。老大本来就是一个体弱胆小之人，这情景让他很害怕，于是受到了惊吓。

　　回到家中，第二天老大便一病不起。妻子和两个弟弟急得不得了。他们请来郎中，但老大的病情却不见好转。不到半个月的时间，老大便去世了。全家嚎啕大哭，两个弟弟更是哭得呼天抢地。

　　老大去世后的第四天早上，村子里突然出现了一件惊天动地的大事：汉帝庙中的菩萨一下子全都不见了。这下全村哗然，大家面面相觑，个个胆战心惊。村中的族长和平时在村中能说得上话的人，在莫名其妙的同时，也不知如何是好。村民们聚集在一起议论来议论去，最终，似乎明白了事情可能出在哪里，但又不能肯定。大家只是在心中猜测而都不去说破，似乎在等待着一个结果。因为大家相信，菩萨是会责（报复）人的，而菩萨责人的时候，这家人就一定会出大事。

　　时间过了有半个多月，村子里渐渐平静，也没听说谁家里出什么事。一日，反倒传来一个好消息：几座菩萨是被人推到了河里，冲到了五股渡，现在已经被好心人捞上了岸。而且这家好心人，还要将这几座菩萨送回到汉帝庙中。第二天大清早，这家好心人兄弟几个，果然将菩萨背回汉帝庙中。按照族长的指点，他们端端正正地将神像放回到它们原来的位置。

这样，村子里的人心情平静下来。当天夜里，村民都睡了一个好觉。然而，到了第二天，却从五股渡那边传来一个更让人震惊的消息：前一日送菩萨来的一家几兄弟一下子全都患病了。又过了两天，听说送菩萨像回来的五个人中死了两个。这则消息震惊了全村人，村子里一下子陷入了恐怖之中。平时要经过汉帝庙的人也都绕道而行。汉帝庙周围就静得更加可怕了。

大概又过了半个多月，突然有人发现，汉帝庙中的菩萨又不翼而飞了。这一次菩萨的失踪，村民只是议论了一番。这个事件并没有引起人们过多的关注，反倒是使村民心中松了一口气。

不久，村子里便传出两句关于汉帝庙菩萨的怪话来："打倒菩萨的冒（没有）罪，扶起菩萨的有罪。"

这样，村民的思想便一下子陷入了混乱。大家对菩萨的看法，有了更多的惧怕。而对于自己祖祖辈辈都要祭祀的汉帝庙，一下子有了敬而远之的感觉。

这样的状态，持续了半年之久。一日，村中族长忽然得梦，梦中所见的内容，对第一次菩萨的失踪和好心人的死，作出了合理解释。

前面说到的李姓三兄弟，老大死去后，他的两个弟弟对汉帝庙中的菩萨有怨气，一怒之下，将神像扔进了梅江河。当时菩萨们正在打瞌睡，没看清这两兄弟的样子。而好心人在五股渡将神像捞上来，并背回汉帝庙后，菩萨反而认定，是这些人将自己扔进河里的。于是，菩萨便对他们进行了责罚。整个事件只是因为菩萨责错了人。

这种说法村民仍然有疑问：为什么李姓的两个兄弟没有受到责罚？即使是菩萨打瞌睡，但是一动也会醒来，同样能看见他们的面目。族长也不能解释，于是，找来这两兄弟核实。开始时，两兄弟吱吱唔唔。最后，在族长的一再逼问下，便承认了这个事实。这件事，果然是兄弟俩所为，只是其中的过程有所不同。

原来，悲痛的兄弟俩认定大哥的死是庙中的菩萨所害。他们越想越气愤，便算计好，要把菩萨扔到河里去。在一个夜深人静的时候，兄弟俩轻手轻脚来到庙中，突然从菩萨的背后抱起菩萨就往河边跑，一把将菩萨投进了滚滚梅江。

村民终于弄明白：难怪兄弟俩安然无事，原来是从后面抱的菩萨，菩萨没办法看清兄弟俩的脸。这样，村子里的人对汉帝庙的看法就有了改变，开始原谅它。至于后来一次是谁将菩萨扔掉了，也无人去追究。这事在村人的心目中，似乎变成了不太紧要的事。菩萨犯了错会有报应，也是理所应当的事。村民从此知道了菩萨也会有犯错的时候。他们害怕菩萨今后还会出错，因此，只要是平安无事，他们同样祭拜没有菩萨的汉帝庙。

虽然，在后来百年的岁月中，有无数人提出要重塑菩萨，但村里更多的人却把"打倒菩萨的无罪，扶起菩萨的有罪"这句话作为回应。这句话根深蒂固地留在了村民的心中。直至今天如有人提出要重塑菩萨，村民回应的仍是这句话。

然而，一个没有菩萨的庙，并没有对割鸡担灯这一千年民俗的延续产生任何的影响。随着村人生活的改善，这一民俗反而是越办越红火。

2. 廻龙寺的传说

廻龙寺,是石上村李姓人建起来的佛寺。每年割鸡担灯时,新丁户都要前来朝拜还愿。而建这座寺庙的原因,据说是为了完善石上村的风水。关于这座寺庙的由来,还流传着一个石上村老少皆知的故事。

相传过去有一个非常有名的风水先生来到石上村,他走遍了石上村的山山水水,观察了一段时间,认为石上村的风水非常好,是可以建州立县的地方。但只可惜一条梅江将其划开,将这里的龙脉切断了。另外,村南留下了一个大缺口,这个缺口是破坏石上村风水的关键之所。于是,他便决定请一个叫杨救贫的仙人来帮忙,将村南面的那个缺口堵上,让河水改道,这样石上村的风水就会得到改变。

这个叫杨救贫的仙人来到石上村,站在半空中,看见这里风水果然不凡,只要稍加改变,就会是州县之所,就答应帮忙。

传说杨救贫有赶山之术,他准备用赶山术将闽赣一带的部分山石赶来,将石上村南面的缺口堵住,从而改变石上村的风水。

杨救贫选择的是深夜作法。传说,杨仙人赶山只能是夜间完成,还不能碰到女人。如果一个夜里没完成,第二天天亮后,他所赶的山

廻龙寺（钟小春摄）

就会定住；如果在赶山中和女人碰面，那么所赶的山同样会定住。而被定住了的山石，就再也动不了。

却说那杨仙人起动了法术，将那些山石变成了一只只大猪和小猪，手中拿着一根竹子，悠闲地赶着这些大猪、小猪往石上村而去。经过一夜的辛苦，天快亮了，仙人所赶的山石也接近了梅江。谁知，就在这时，碰巧一个早起的妇人在家门口扫地，抬头见到黑簇簇的一群猪往江边走去，心里便想，谁家的猪要跑到江边去呢，便扬起手里的扫把指着那些猪挥赶了一下。她这一挥不要紧，所有的猪便定住不动，变成了回子石、狮子山等石头和山丘。

杨救贫赶山填梅江改变石上村风水的计划落空之后，风水先生便建议村民在江边的水口上建一座寺庙。这样，基本上能守住石上村的财气。村人依照他的建议，建成了廻龙寺。

据说，廻龙寺建成后，石上村果然兴旺了不少。在明清时期就出了不少文武秀才和大财主。这些在族谱上都有记载。

3. 留石下庵的故事

过去石上村有一个庵叫留石下庵。留石下庵中住的都是尼姑。相传大概在明朝的时候，庵里有一个专门看庵的人叫慧生。此人是个读书人，但每次考取功名都名落孙山。他身无他能，年老的父母相继去世之后，便更加孤苦伶仃，没有去处，于是流落到这里。恰巧原来庵中守夜的人远走他乡，庵主见他生得眉清目秀，虽然人有些消瘦，却也是个男人。而且看起来又是个慈眉善目的读书人，看上去还有些仙风道骨的样子，庵主便收留了他。而慧生便有了一个清茶淡饭养命的地方。

因为这是个山野之地，庵中的尼姑，最怕的就是山间的流氓、恶棍在夜间偷偷出来作恶。慧生的工作就是在夜间看门守户，注意庵中四面动静。如果遇到有事情发生，则敲响铜锣，惊醒全庵的人。而慧生刚好喜欢夜晚读书，这样的工作正好适合他。

不知不觉，慧生便在这里待了三年。只是，他本来就生得清瘦，也不知什么原因，最近一段时间里，总是觉得自己的精神越来越差。但他并未在意，也没有停止夜间读书，脸色也就越来越差。

一天，一个远方来的先生（道士）经过留石下庵时，看见慧生，便停住脚步。他看了慧生半天，说："你最近有否接近脏东西（指邪恶的东西）？"慧生奇怪地说："没有。"先生便说："你这段时候是否有女色相伴。"慧生还是说没有。"那么你有什么爱好？每天晚上都做什么？"慧生说自己只是看书。先生似乎明白了什么，便笑笑说："你是否注意到，在你看书的时候有什么东西在注意你？"慧生似有所悟，想了想说："好像常常看见，在不远处池塘边的青石上，坐有一个漂亮女子。"先生听罢，大声笑了，说："你的身上有三份仙骨，如果你加紧修炼，终将成仙。但是有一只怪物已经看上你的这三份仙骨，而这只怪物身上则有七份仙骨。它想得到你身上的这三份仙骨，如果它得到了这三份仙骨，它就可以马上成仙。那样的话，你马上就会死去。"慧生听了，大为吃惊，急请先生救命。

先生笑笑说："莫慌！人类自然是要相互救助的，你且听我一一道来。想取你三份仙骨的是一只母狐狸精。它修炼了千年，已经耐不住寂寞，想得到你身上的那三份仙骨早早成仙。它坐在这里等你晚上睡着已经等了三年。无奈你每夜彻夜读书，从未睡着，它一直不能下手而已。于是，它便将自己变成一个美貌的女子，想来引诱你。不过，你专心致志，心无旁骛，他无从下手，也没有办法，只有和你这样耗着。而它在远处，不断慢慢地从你身上吸走精气，使你不断失去元真，最后无法抵抗睡眠，然后再拿走你身上的三份仙骨。"

慧生听完之后恍然大悟，忙请先生说出救命良策。

先生神秘一笑，看了看四周，不紧不慢地说："那只狐狸经过千年的修行，已然成精，道行高深。正常情况下，你是无法奈何它的。但是它也有最虚弱的时候和地方。它最虚弱的时候正是睡着的时候，它最虚弱的地方则是它睡着之后两个鼻子流出的两根鼻涕。这两根鼻涕是与它的真元相连通的。如果你在这个时候将它的两根鼻涕偷偷地吃掉,那么,它的七份仙骨就会落入你的身上,你反而能够得道成仙。虽然她在变成人形的时候妩媚诱人,但是,由于她尚有三成的功力没有修完,所以她完全睡着之后,便会渐渐地显出原形。而它的那两根鼻涕则是更加的肮脏难看,到时你可要忍耐住。"

先生的话让慧生十分震惊。慧生看着先生那狡诈带笑的表情,疑惑半日。先生见慧生犹豫不决的样子,则恶狠狠地说:"如果你不能按我说的去做,那么你只有被它吸干真元,等死的份。"

话说到了当天夜里,慧生果然用了心思,注意着他前方不远处的那块大青石。因为在以前的夜里,他感觉就是在那块青石上坐着一个女子看他读书。到了二更时分,果然见到在那个大青石上坐着一个女子。只见这女子生得楚楚动人、宛若天仙;细细一看,似乎又是一个让人怜爱的落难村姑。慧生稍稍多看了几眼,便已经怦然心动。他急忙不去看她,心中更是记牢先生的话,只是注意着女子的动静。

然而,一个晚上过去了,那女子并没有睡着。到了第二天,同样没有睡着。如此,过了一段时间,慧生心中不免有些着急。一天见过先生,先生说:"你要耐心,现在是看你们谁熬得过谁了。"如此,慧生便沉下心来,静心看书,也不管那女子,只是偶而偷偷瞟上一眼。就这样,他们相互僵持了半年之久。不知不觉到了秋天,白天里炎热,而到了晚上则有了些许凉爽。这个季节可是睡觉的好时候。

一天深夜,慧生照样手握书卷,静心阅读。忽地,远远地飘来一股狐骚的气味。慧生心中猛然一惊,偷眼望去,却见那青石上,卧着一只大大的狐狸。慧生的心快速地跳起来。他牢记着先生的话,轻手轻脚地走到池塘边上,轻轻地下到水中,沉入水底,贴着池塘的底部,朝对面的青石爬去。

到了对面，慧生从水中慢慢露出头来，借着月色的光亮，只见那只长满白色长须的狐狸安卧于青石上。静静的深夜里，能听见它的呼吸声。它的鼻子里果然淌出两条长长的鼻涕，远远地就能闻见那令人作呕的腥臭味。

仔细观察，这确实是一只历尽沧桑的千年狐狸。只见它皮上的毛已经所乘无几，嘴上长着长长的白须。它的睡姿让人感受到它的孤独与隔世。只有那双闭着的眼睛，仍能让人感觉到它雌性的温顺。慧生心里突然生出怜悯，不想去伤害它，因为它着实不易。千年修炼，煎熬到今天，它一旦被夺去千年修炼得来的七份仙骨，失去真元，将是何等的悲惨。

但是慧生又想起先生告诉他的话：这只修炼千年的狐狸，凡心已动。如果得不到你身上的三份仙骨成仙，接下来，它就会凭着它的七份仙骨，作怪一方。到时候，它会伤害这里的百姓。想到这里，慧生轻轻将身子探上石头，慢慢地接近这个狐狸。这个狐狸和慧生僵持得太久了，它的耐心和意志已经到了极致，极度的疲惫使它竟没有察觉慧生的靠近。

慧生靠上前去，伸出口舌，轻轻地将那两条腥臭无比的鼻涕舔下。因为慧生有点着急，在他刚要用嘴对着狐狸鼻子作最后猛吸的时候，不小心把狐狸惊醒。

当这个狐狸得知自己的仙骨被吸去，顿时悲痛欲绝地在地上打滚。这样闹了好一会，才渐渐平静下来。这个千年狐狸跪在慧生的脚下，提出了自己的条件："你已经夺去了我千年修行得来的七成功力中的五成，现在我已不能成仙。但是你一时也成不了仙。如果你成不了仙，你也守不住清贫，也许最终也会为祸一方。这样的话，你和我一样，也将伤害这里的百姓。如果我将剩余两份仙骨的功力都给你，你便能成仙。不过,你要答应我三件事:第一,你成仙之后要利用你的法力造福这方水土;第二,你要将我埋在这座庵后面的山上,让我每年能够享受到这里的百姓在割鸡担灯时朝拜的香火和热闹欢快的景象;第三,你要把埋我的山取名为狐狸山,让这里的百姓记住我。"

慧生允诺之后得到了狐狸剩余的两份仙骨,成了仙。据说,后来慧生果然给当地百姓做了许多好事。狐狸死后,慧生将其葬在留石下庵后面的山上,将此山取名为狐狸山。村民每年在割鸡担灯游灯的时候,都会路过这里。他们要打响神铳,点烛烧香,摆上供品,对着留石下庵的方向连拜三下,以示纪念。

流传千年的传说优美而伤感,丰富了割鸡担灯风俗的内容(江春生摄)

4. 赶在割鸡担灯活动前出生的人

在顾家家居股份有限公司（杭州）工作的小伙廖烨，就是宁都县石上村人，他给我们讲述的故事很有意思。

> 我的出生日，是在割鸡担灯民俗举行的前一天的凌晨五点。然而，按照割鸡担灯风俗的规定，当年出生的孩子，只要是赶在割鸡担灯前出生的，同样要参加当年的割鸡担灯。而我的出生，比预产期提前了一个礼拜。
>
> 这样一来，就真让我家来了个措手不及。因为在这个时候我们家族的人，都在给我舅舅的儿子——我的表哥准备割鸡担灯。我的表哥是前一年生的。这个时候，家族中所有和割鸡担灯相关的物品，都给了我的表哥。我的出生，一下子就打乱了大家的节奏。仅仅一天时间，要准备好所有的东西，真不是一件简单的事。因为村子里要割鸡担灯的人家，都是在过年以前，已经早早地做了准备。再加上20世纪80年代，交通、通信还很不发达。家人出去通知亲戚、购买东西，都

是靠自行车或者步行来完成。可想而知，在接下来的时间里，家里人是又喜、又愁、又忙。

记得大人说过：一天时间里的准备工作，最为难的是以下几件事。

第一是找"割鸡"的人。

大家都知道，任何家长都不想让自己的孩子输在起跑线上。而割鸡担灯中的割鸡在那个时候的程序中，有一个大家都非常重视的环节，就是抢头彩。即在割鸡的时候，要抢在最前面跑进汉帝庙割鸡、祭拜。而抢在最前面的人，就叫抢了头彩。据说，抢了头彩的割鸡户的新生儿，在今后的日子中，事事都将比别人领先一步。

这样一来，首先就是要找到一个能跑的人。在我们的家族中，有一个全村最会跑的人，就是我的一个小舅舅。但是，我的表哥比我早出生，这个小舅舅便早就定下给我表哥家割鸡了。毫无办法，我的父亲只有自己上。我的父亲虽然不是村子里最会跑的人，但也算是身强体壮。

到了割鸡那天，整个村子人山人海。当割鸡队伍来到老街上时，马灯会画一条线，所有参与割鸡的人，都一手举着雄鸡，一手拿着菜刀，站在线后等着，气氛很是紧张。一声令下，所有参与割鸡的人，都飞快地朝汉帝庙奔去。亲友们在后面呐喊助威，割鸡人则疯狂奔跑，你争我赶。结果，我的小舅舅跑了头彩，我的父亲是第三个割鸡的。现在这个抢头彩的程序已经废除，代之以抓阄定割鸡的先后。这是因为过去在抢头彩中，发生过不愉快的事，镇子里有了派出所后，对这事进行了干预，对这一习俗进行了改革。

第二是找卷爆竹的竹篙。在担灯程序中有一个重要环节：在分祠放爆竹。在担灯的那天下午，所有担灯户都要在分祠放爆竹。在那一个多小时里，整个小镇上烟雾弥漫、纸屑飞扬，气氛非常庄重而热烈。许多外地来的人，把这个过程称为"添丁爆"。

而这些爆竹，都是亲戚朋友道贺礼中送来的；每家人的礼品中都会送来一串长长的爆竹。而每一串爆竹都要用一根长长的竹篙卷好才能燃放。然而，因为这一年割鸡担灯的人特别多，一时间，卷爆竹的竹篙根本找不到。我的父亲也是一筹莫展。在这个忙乱的时候，我四个叔叔和我的堂叔堂哥们一下子全来了，骑上自行车，去到很远的山上砍竹。到了下午，五六辆自行车上全装满了长长的翠绿新竹。

从山上临时砍来的卷爆竹的竹篙（黎传综摄）

第三是找世灯的灯框。这可是一件更加困难的事。全村所有人家的灯框都被用上了，根本就找不到多余的。如果找人做灯框，又根本来不及。当时，不知是我家的哪个亲戚突然出了一个主意：用火笼（乡下人取暖用的）代替。这样一来，大家纷纷找来家中的火笼。结果，一共找来十四个火笼。这些火笼虽然看上去有点儿大，但总比没有强。大家七手八脚，将两个火笼拼接起来做成一盏大的灯笼，用一个火笼做成一个小的灯笼。做好之后，大家又在火笼上加上用竹片做成的把手，用红纸在外面绷糊好，在红纸上贴上美丽的剪纸灯花，一担世灯（八盏）便做好了。这些世灯虽然外表看上去稍大些、高些，倒也是像模像样。

在担灯的那一天，我们家几十串爆竹全是用翠绿色的新

信仰执著的父老乡亲（黎传综摄）

竹卷着,靠在分祠堂的墙壁上,格外醒目。而我们家的世灯,又比别人的显得大,走在游灯的队伍中别具一格。对于这"一新一大",父母是很满意的。因为在父母的意识中,给我这个突然来到世上的男孩,争来了"一新一大",其中肯定是有非同一般的吉祥的含义。只是他们从不对别人说,因为村里人都说,任何好的征兆,说破就不灵验了。

  这就是我的父母,这就是我村子里的父老乡亲。他们世世代代,总是把自己的美好愿望和某一偶然出现的征兆联系起来,朝着美好的方向想象和努力,最终形成了今天的习俗——割鸡担灯。这也是这一习俗能够传承千年之久的根本所在。

5. 半夜割鸡的故事

那个时候我十六七岁,是大队的民兵。记得那是"文化大革命"的时候,"破四旧",打"牛鬼蛇神",到处都搞得很厉害。最初的时候,我们村子里并没有受到多少影响。大概到1967年的时候,割鸡担灯的事引起了上级的注意。公社革命委员会叫人来拆了汉帝庙。几个老人不服气到公社讲理,结果被搞革命的人留下,上了一天一夜的学习班。到了快要过年的时候,上面来了一个副主任,给全村社员开了一个会,说今年不能再进行割鸡担灯的迷信活动了,谁敢再去汉帝庙割鸡,就让全村人开会批斗他,要把他打成"四类分子"。他还安排我们这些村里的民兵在正月十四日放哨。

因为开会时离过年的时间已经很近,村里人便非常不安。特别是前一年生了男孩的人家,更是不安。如果不割鸡,这是祖上千年传下来的规矩,一下子打乱,这怎么可以;如果割鸡,又怕被打成"四类分子"。这时,我的一个叔叔来找我商量怎么办,因为他的儿子生了个男孩。当时,我一时也不知说什么好。

不知不觉到了正月十四这一天,一大清早大队的民兵营长就来到村里，布置好我们的任务，要我们村里当时的几个民兵，整日整夜放哨守在汉帝庙那里。如果抓到来割鸡的人，一律送往大队，大队接着将其送往公社。

我们几个民兵拿着枪（那个时候，每个民兵手中都有一杆枪长期放在家里，但没有子弹）守了一整天，一直到了这天下午，情况都非常正常，没有人来割鸡。大队的民兵营长中途来了几次，见没事，就认为村里的人没有胆子割鸡。他随便交待一下，便走了。

我们村的几个民兵，如果按姓氏排辈分，其实都是李氏家族的叔侄兄弟。但是在那个年代，大家的警惕性都非常高，很多事都只能是心照不宣，没有谁会说出自己心里真实的想法。到了这天下午，太阳快落山的时候，我便对其他两个民兵说："我们都放了一天哨了，夜里放哨我们要分开值班，一人四小时，否则，我们就会吃不消。而且新年刚过，各家都有自己的事要做。"我比他们俩的辈分高，在家族中，他们要叫我叔叔，而且我在村里平时也还算有些口牙（说话有人听）的人。他们俩听了我的话，看着我，又相对笑了笑，说："可以，这样好。"看到他们的笑容，我的心里便轻松了一些。我也似乎知道他们可能有些什么想法。

到了这天夜里，我比原来约好的接班时间提前了一个小时，偷偷地来到汉帝庙不远的一个坎下，准备观察汉帝庙的动静。汉帝庙这个地方，白天的时候就显得阴森，很多胆小的人不太敢靠近；到了晚上，需要路过汉帝庙门口的人都会尽量绕道走。我刚刚接近汉帝庙，还不等站定，便听到前面传来鸡的哀鸣声。我轻着脚步走上前去。当我赶到的时候，几个割鸡的人提着供品已经消失在夜色中。只见值班的民兵打来一桶水，冲洗地上的鸡血。我的突然出现，他吃了一惊，显出慌张的样子，脸都变色了。我并没有管这些。我说："暂时不要冲水。

这样冲法，到了最后地面都会冲得变形，会让人看出来。我是最后一班岗，快天亮的时候我会一起冲干净。"我的话使他的情绪一下子安定下来，表情上也露出对我感激的样子。这一夜，全村要割鸡的人都割了鸡。天亮后，我打了水，将地面冲洗干净，并挖来新土，把汉帝庙内的土地覆盖平整。

但是，这件事终究是没有瞒过上面。听说，有人到公社革命委员会打了报告。公社革命委员会派当时公社的治保主任下来追查。他是个老干部，到村子后给全村人开了一夜的会。会上，全村没有谁说一句话，最后也没有一个结果。到了深夜11点钟，他说："这样的事，过去就不是事。现在实在没办法，我只有来查，明年不准这样做就是了。"他就这样回去了。后来，他因为这样处理这件事，受到公社革命委员会造反派的批评。但他是苏区的老干部，出身又好，加上一身好功夫，平常当地很多人都怕他，没人敢奈何他。公社这一次也没有把他怎样，只是听说受了批评。

第二年，又到了割鸡的时节，正月十四这天，公社从外村的民兵里，抽调了几个人来放哨。但这天却发生了一件出格的事，到现在都不知是谁干的。将近傍晚的时候，一只死狗突然从空中飞过来，跌落在放哨民兵的身边，还带着狗血。一个民兵身上被溅到了狗血。当场，几个民兵被吓得连连呕吐，脸都变了色。在新年里，这是非常不吉利的事。这天夜里，这几个民兵也没敢来放哨。村里人照样割鸡，之后也照样清洗干净，不留痕迹。当时上面不知道这件事。后来外村的民兵传来话，对村子里的人丢死狗的行为表示不满，并说他们并没有将情况上报公社。

到后来割鸡的时节，公社便没再派人来放哨了。割鸡的仪式也没有停止过，但担灯没有进行。其实，村里人割鸡的情况公社是知道的，只是越往后便越不关心这件事，都只是睁一只眼、闭一只眼而已。

图书在版编目（CIP）数据

添丁的喜悦：宁都客家割鸡担灯 / 黎传综著. — 郑州：中州古籍出版社，2015.9
（华夏文库）
ISBN 978-7-5348-5504-7

Ⅰ.①添… Ⅱ.①黎… Ⅲ.①节日-风俗习惯-宁都县 Ⅳ.①K892.1

中国版本图书馆CIP数据核字（2015）第204126号

华夏文库·民俗书系
添丁的喜悦：宁都客家割鸡担灯

总 策 划　耿相新　郭孟良
项目统筹　单占生　吴　浩　萧　红（执行）
责任编辑　唐志辉
责任校对　翟　楠
美术编辑　王　歌
版式设计　曾晶晶
封面设计　新海岸设计中心
责任印制　刘新毅

出　　版　中州古籍出版社
　　　　　地址：河南省郑州市经五路66号
　　　　　邮编：450002
　　　　　电话：0371-65788808　65788179
经　　销　新华书店
印　　刷　河南新华印刷集团有限公司
版　　次　2015年9月第1版
印　　次　2015年9月第1次印刷
开　　本　960毫米×640毫米　1/16
印　　张　7.5印张
字　　数　92千字
定　　价　22.00元

本书如有印装质量问题，由承印厂负责调换